Fächer

Susan Mayor

Fächer

Verlag Georg D. W. Callwey München

Alle Photographien mit freundlicher Genehmigung von Christie's, South Kensington, mit Ausnahme der Abbildungen 61, 75 (Autorin) und 68 (Sanders of Oxford).

Vorwort

Sammeln ist eine liebenswerte Krankheit. Dieses Buch ist als Einführung für Anfänger und angehende Kenner gedacht. Es ist keine mit Belegstellen versehene Studie, daher ist das Literaturverzeichnis so umfassend wie möglich angelegt. Ich habe von so vielen Persönlichkeiten Unterstützung erhalten – sei es, daß sie mir ihre Sammlung erläuterten, sei es, daß sie ihre Fächer zu Christie's South Kensington brachten – daß es mir unmöglich ist, hier allen zu danken. Besonderer Dank jedoch gebührt Madeleine Ginsburg vom Victoria & Albert Museum, Hélène Alexander vom Fan Circle und Dr. van Eeghen, ehemals bei den Holländischen Staatsarchiven, die den Text durchsahen, und Christopher Lennox-Boyd, der – wie schon so oft – seinen reichen Wissensschatz zur Verfügung gestellt hat.

Abkürzungen

CSK	Christie's South Kensington
S.E. und	(englisch)
S.F.	(ausländisch) weisen auf Lady Charlotte Schreibers eigene Katalognummern hin.
S.M. und	(montiert)
S.U.	(unmontiert) beziehen sich auf Nummern in Lionel Custs Katalog der Sammlung Schreiber

Die deutsche Übersetzung besorgte Frau Herta Simon-Aufseesser, Oxford

Ein Studio Vista Buch, herausgegeben von Cassell Ltd.
35 Red Lion Square, London WC1R 4SG und Sydney, Auckland, Toronto, Johannesburg

Tochtergesellschaft der Macmillan Publishing C. Inc., New York

Text © Susan Mayor 1980
Illustrationen © Christie's South Kensington 1980
Design Joop de Nijs gvn

Deutsche Erstausgabe 1981

Alle Rechte vorbehalten. Vorliegendes Werk oder Teile davon dürfen nur mit schriftlicher Genehmigung der Herausgeber nachgedruckt, gespeichert oder in gleichwelcher Form oder auf gleichwelche Weise übertragen werden, sei es elektronisch, mechanisch, durch Photokopieren, Tonaufzeichnung o. a.

CIP-Kurztitelaufnahme der Deutschen Bibliothek
Mayor, Susan: Fächer/Susan Mayor.
[Aus d. Engl. von Herta Simon]. – München: Callwey, 1981.
(Christie's collectors series)
Einheitssacht.: Collecting fans ‹dt.›
ISBN 3-7667-0560-1
NE: Christie, Manson and Woods Ltd. ‹London›: Christie's collectors series

Gedruckt und gebunden in Italien bei
AMILCARE PIZZI ARTI GRAFICHE S.p.A.
CINISELLO B. (MILANO - ITALIA) - 1981

Inhalt

1	Die Herkunft des Fächers	6
2	Fächertypen	9
3	Bemalte Fächer des siebzehnten und achtzehnten Jahrhunderts	25
4	Bedruckte Fächer	53
5	Bemalte Fächer des neunzehnten und zwanzigsten Jahrhunderts	73
6	Orientalische und ethnographische Fächer	81
7	Kuriositäten- und Federfächer	95
8	Fächersammeln	111
	Verzeichnis der Museen und Sammlungen	113
	Literaturverzeichnis	115

I Die Herkunft des Fächers

Fächer gibt es von jeher in heißen Gegenden. Wo und wann die ersten Fächer entstanden sind, ist schwerlich mit Genauigkeit festzustellen. In heißem Klima ist ein Fächer von unschätzbarem Wert, um damit Kühle zu erzeugen und die Fliegen abzuwehren, vermutlich die Erfindung der frühesten Äquatorialbevölkerung. Eine spätere Entwicklung führte zur Kunstform und zur Verwendung in religiösem und königlichem Zeremoniell. Später findet man Fächer als Schmuckgegenstände, so wie sie uns heutzutage bekannt sind.

Die früheste Form des Fächers war wahrscheinlich eine Art Handschirm, zum Fächeln besser geeignet und wirkungsvoller als lediglich die Hände oder ein Blatt. Dann wurde ein Stiel angefügt, und diese Geräte wurden auf mancherlei Weise abgeändert und verziert, je nach den Materialien, die verschiedene Gegenden boten, und nach den verschiedenen Bedürfnissen und Moden.

Man findet die frühesten Fächer auf zeitgenössischen Bas-Reliefs, Skulpturen und Malereien. In Ägypten trugen Hofbeamte Federwedel auf langen Stangen, Fächer von halbkreisartiger Form. Diese Fächerart hat man in königlichen Gräbern aufgefunden. So stieß man in den Grabkammern des Tutanchamun (1350 v. Chr.) auf ein Gerät aus getriebenem Gold, das den jungen König auf der Straußenjagd darstellt: Die Federn wurden zum Schmuck der Fächer benutzt.

Frühe Fächer oder Wedel wurden auch zum Getreideschwingen (Reinigung des Getreides) verwendet sowie als Fliegenklappe und zum Feueranfachen.

Die frühesten chinesischen Exemplare sind wahrscheinlich zwei aus Bambus gewirkte, fahnenförmig befestigte Fächer aus dem 2. Jahrhundert v. Chr., die man bei der Öffnung des Mawangdui-Grabes bei Changsha in der Provinz Hunan auffand; aber sicherlich gab es in China lange vor diesem Zeitpunkt Fächer.

Frühe Exemplare von Fächern sind natürlich höchst selten erhalten geblieben, und man kann nur allmählich aus der zeitgenössischen Malerei, Skulptur und Literatur rückschließend ihre geschichtliche Entwicklung aufzeigen.

In China waren die ersten Fächer – Handschirme – wahrscheinlich aus Federn hergestellt, die der Zeit zum Opfer gefallen sein dürften. Zuweilen wurden Pfauenfedern verwendet und später aus Sparsamkeitsgründen Seide mit mitunter kesi (Seidentapisserie). Um den Luftzug zu verstärken, waren sie manchmal oben abgerundet. In China benutzten Männer und Frauen Fächer, und je nach Rang und Stand der Person schrieben genau detaillierte Anweisungen verschiedene Arten von Fächern vor. Allmählich erfahren wir immer mehr über den Ursprung des Faltfächers. Man nimmt jetzt an, daß der Briséefächer zuerst in Japan auftauchte und von dort im 9. Jahrhundert von einem Missionar oder Reisenden nach China gebracht wurde. Dann setzte sich der Faltfächer seiner Handlichkeit wegen rasch durch: Wenn man ihn nicht brauchte, konnte man den zusammengefalteten Fächer in einem seidenen, gestickten Fächeretui im Ärmel, am Hals oder im Stiefel verwahren, bis er wieder benötigt wurde.

In China benutzte man den Fächer bei Zeremonien und um das Gesicht zu verbergen und endlo-

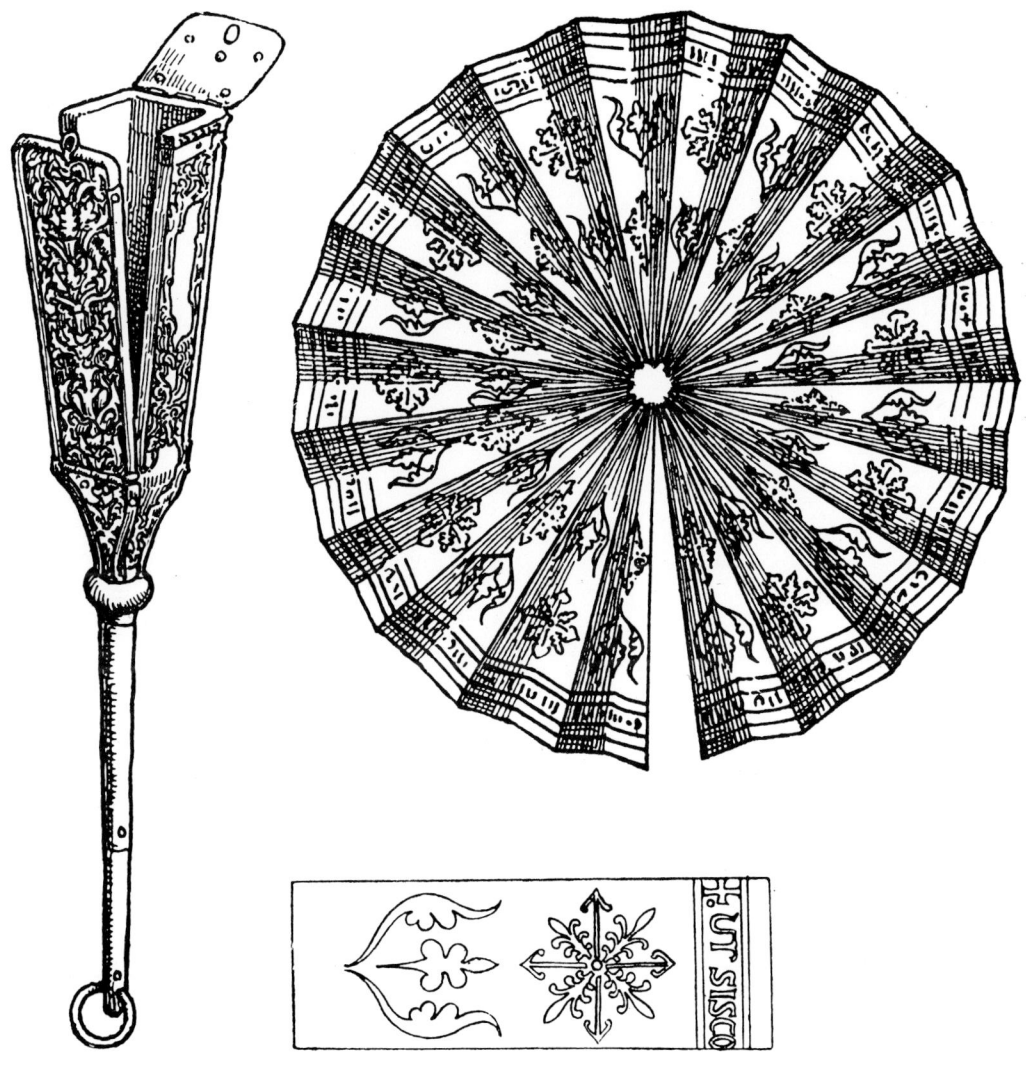

ses Grußzeremoniell zu vermeiden, wenn man Würdenträgern gleichen Ranges begegnete.
Der früheste in der westlichen Welt erhaltene Fächer ist in der Basilika des hl. Johannes des Täufers in Monza, ca. 15 Kilometer von Mailand, aufbewahrt. Dort kann man in der achteckigen überwölbten Schatzkammer den Zeremonienfächer – flabellum – sehen, mit dem die langobardische Königin Theodolinde im 6. Jahrhundert die Basilika beschenkte. Dieses einzigartige Exemplar besteht aus purpurfarbenem Pergament mit Gold- und Silberornamenten und gleicht einem späteren Fächer in Florenz, dem Tournus flabellum. Der Fächer der Königin Theodolinde besitzt

1 Königin Theodolindes Fächer, nach einer Zeichnung von William Burges.

sogar noch seine ursprüngliche Holzkapsel und den silberbeschlagenen Griff. Es ist erstaunlich, daß erst 1857 die Kenntnis davon weite Kreise erfaßte, als nämlich der britische Architekt William Burges mit der Veröffentlichung dieses Fächers hervortrat.

2 Seltener Fächer, das Blatt aus Mica-Einlagen mit Pfauen, Büsten und Blumen; die Stäbe sind aus Schildpatt. Ca. 1665–75, 20 cm.

2 Typen von Fächern

Da Fächer im wesentlichen elegante Modeartikel und ausgesuchte Luxuswaren sind, können sie aus jedem erdenklichen Material hergestellt werden, das stark genug ist, um zweckdienlich zu sein. Man darf nicht vergessen, daß so verhältnismäßig kleine und feine Luxusgegenstände wie Fächer ungewöhnlich fest und unverwüstlich sein müssen, um der Zerstörung durch die Zeit zu widerstehen, was Tausenden gelungen ist. Sie sehen zerbrechlicher aus als sie sind. Fast zu allen Zeiten waren Fächer Modeaccessoires und wurden aus den jeweils erhältlichen modischen Materialien hergestellt. In manchen Zeiten bediente man sich so vieler verschiedenartiger Materialien, daß man sie kaum alle aufführen, geschweige denn katalogisieren kann.

Viele frühe Fächer, wie die ägyptischen, chinesischen und europäischen aus dem 16. Jahrhundert, waren Handschirme, meist mit Federn wie z. B. Straußenfedern verbrämt und manchmal gefärbt. Diese Handfächer bestanden aus elastischen Stoffen in verschiedenen Formen und waren an einem Stiel befestigt. Die Griffe waren höchst mannigfaltig. Königin Elisabeth I. besaß Fächer mit goldenen Griffen, die mit edlen Steinen besetzt waren. Sie werden in ihrem Kleiderverzeichnis im Staatsarchiv aufgeführt. Dr. Strong und Miss Julia Trevelyan Oman erwähnen fünf der prächtigsten von den 1600 Exemplaren, die in ihrem Buch *Elizabeth R.* aufgeführt sind. Darunter: Ein Fächer aus Federn von verschiedenen Farben, der Griff aus Gold mit einem Bären und einem Knotenstock auf beiden Seiten und einem Spiegel auf einer Seite (vermutlich ein Geschenk des Grafen von Warwick, der Bär und Knotenstock in seinem Wappen führte, oder seines Bruders Robert Dudley, des Grafen von Leicester, des Günstlings der Königin); ferner ein Handgriff aus Gold, emailliert, mit kleinen Rubinen und Smaragden besetzt (neun Steine fehlen), mit einem Segelschiff auf einer Seite; ferner ein Fächer aus weißen Federn, mit einem Griff aus Gold und zwei darum geschlungenen Schlangen, am Ende mit einer Kugel von Diamanten verziert, und auf beiden Seiten mit einer Krone zwischen einem Flügelpaar, ebenfalls mit Diamanten verziert, wovon sechs Diamanten fehlen.

Als Elisabeth I. starb, hinterließ sie eine Sammlung von 27 Fächern. Da sie eine Vorliebe für sie hegte, trug sie auf Porträts oft Fächer und erachtete sie als die einzigen einer Königin würdigen Geschenke. Derselbe Fächertyp taucht wieder unter der Regierung der Königin Viktoria auf (siehe Kapitel 7).

Am französischen Hof waren Faltfächer aus durchbrochenem Glacé (Ziegenleder) in Mode, deren Schnitt der italienischen Reticella-Spitze ähnelte. Ihre Stäbe waren aus Elfenbein. Obwohl nur sehr wenige erhalten sind, wurden doch zwei im Jahre 1881 von Germain Bapst besprochen. Beide waren mit Plättchen aus Mica besetzt, so daß sie bei jeder Bewegung schimmerten. (Mica, eine Glimmerart, ist ein in Indien vorkommendes Mineral, das in dünne durchsichtige Scheiben geschnitten werden kann; es wird auch bei Fächern des 17. und 18. Jahrhunderts verwendet.) Der kunstvollere der beiden Fächer, aus der Sammlung Revoil (No. 1163, M. de Laborde), war 26 cm lang und konnte mit zehn Elfenbeinstäben bis zu 45° geöffnet werden. Die Deckstäbe waren mit sechs seidenen Pompons besetzt, die den japanischen Fächern ähnlich sind. Das Blatt bestand aus Découpé-Pergament, das in die Stäbe eingepaßt war. Es war abwechselnd mit Micascheiben, die mit farbigen Szenen von Diana und Actaeon in zeitgenössischer Kleidung bemalt waren (stark beeinflußt vom Kaminsims des Hugues Lallemend im Hotel de Cluny), und mit Herzen besetzt, die von einem Pfeil und einer brennenden Fackel durchbohrt wurden. Bapst nimmt an, daß dieser Fächer etwa aus dem Jahre 1580 stammt. Der zweite, etwas spätere Fächer aus der Sammlung Sauvagest war größer (32 cm) und bestand aus einem Doppelblatt aus Découpé-Pergament mit Mica und Seide zwischen den Blättern. Zu seiner Zeit (1881) wußte Bapst auch von anderen Exemplaren einschließlich jener in den Sammlungen Mme. Jubinal und M. Dupont Auberville. Woolliscroft Rhead hingegen nimmt an, daß der Jubinalfächer aus dem 17. Jahrhundert stammt.

Ein ganz ähnlicher Fächer aus der Sammlung Miss Esther Oldham erscheint in Nancy Armstrongs *Collector's History of Fans*. Es handelt sich wahrscheinlich um den inzwischen von Miss Oldham dem Boston Museum vermachten Fächer.

Bapst zitiert aus Pierre de l'Estoiles *L'Isle des Hermaphrodites* (1588) eine Stelle mit einer Beschreibung Heinrichs III., der einen ähnlichen Fächer benutzte:

«On lui mettoit à la main droite (à Henri III) un instrument qui s'estendait et se reploioit en y donnant seulement un coup de doigt que nous appelons ici un esvantail: il estoid d'un velin aussi delicatement découpé qu'il estoit possible, avec de la dentelle à l'entour de pareille étoffe. Il estoit grand, car cela devoit servir comme d'un parasol pour se conserver une hâsle, et pour donner quelque refraichissement, à ce teint délicat... Tous ceux que je pus voir aux autres chambres en avaient un aussi de mesme étoffe, ou de taffetas avec de la dentelle d'or et d'argent à l'entour.»

Ein Taftfächer, der vermutlich der Königin Maria Stuart von Schottland gehört hat, wird im National Museum of Antiquities for Scotland aufbewahrt. Es handelt sich hier aber um einen Kokardefächer mit beweglichen Schildpattstäben; das Blatt besteht aus grünen, gelben und braunen Seidenstreifen und Silberspitze. Ein rechteckiger Handschirm von durchbrochenem Pergament (italienisch, ca. 1570–80) aus der Sammlung Mr. Albert Figdor ist in Seligman und Hughes *Domestic Needlework* (Abbildung 48) abgebildet.

Am Ende der zweiten Hälfte des 17. Jahrhunderts waren alle Fächer etwa 30 cm lang, mit einem Öffnungswinkel von fast 180°, mit bemalten glacé(Ziegenleder)-Blättern und Elfenbein- oder Schildpattstäben, sich mehr oder weniger berührend, einfach geschnitzt und durchbrochen, sich von der Spitze bis zum Endstift allmählich verjüngend. Doch sind zwei hervorragende Mica-Exemplare dieser Periode bekannt, die eine etwas geringere Spannweite besitzen. Einer dieser Fächer wurde 1969 bei Christie's (siehe Abbildung 2) verkauft, und ein ähnlicher befindet sich in der Sammlung Messel. Es ist erstaunlich, daß ein Gerät, das aus so vielen kleinen Teilen besteht, sich so lange erhalten hat. Die Blätter sind aus zahlreichen bemalten Micascheiben gefertigt, die mit bemalten Papierstreifen an den Stäben befestigt sind. Das alles zeigt, wie sorgfältig ein Fächer geplant sein muß. Er muß nicht nur prächtig aussehen, er muß auch leicht zu handhaben und wohl ausbalanciert sein, damit man ihn bequem halten, öffnen und schließen kann. Der gefaltete Papierfächer ist natürlich der häufigste.

Im Jahre 1765 veröffentlichte Diderot seinen *Recueil de Planches sur les Sciences, les Arts Libéraux et les Arts Méchaniques* zur Illustration seiner Enzyklopädie. Die vier Tafeln über die Herstellung von Fächern erklären aufs genaueste den Routinevorgang in einer Fächerwerkstatt. Es ist interessant festzustellen, daß alle Arbeiter auf den Bildern Frauen sind. Eine große Anzahl von Frauen war im 18. Jahrhundert im Fächerhandwerk beschäftigt.

Die erste Tafel zeigt einen großen, hell erleuchteten Arbeitsraum, in dem fünf Frauen das Papier für die Blätter vorbereiten. Die erste steht an einem großen L-förmigen Tisch mit einem Stoß noch rechteckiger Papierbogen, einer Schüssel mit Leim und einem Schwamm. Sie klebt zwei Bogen zusammen, die die zweite auf einen fächerförmigen Rahmen spannt. Die dritte hängt dann den Rahmen am Sparrenwerk auf. Die vierte holt die getrockneten Rahmen herunter, nimmt das Papier vom Rahmen ab, schichtet die Rahmen auf und reicht das Papier einer fünften, die es in Fächerform zuschneidet. Jeder Vorgang ist numeriert und in einem beigefügten Schlüssel erklärt. Darunter befinden sich maßstabgetreue Zeichnungen der Geräte: die Rahmen oder *rondes*, die Sonde oder *sonde*, die später benutzt wird und einem kleinen Billardstock von etwa 35 cm Länge gleicht. Auch ein ›Stein‹ ist da und ein hölzerner Schlegel, der zur Vergoldung der Blätter verwendet wird. Mrs. Alexander, die Präsidentin des Fan Circle, weist darauf hin, daß der ›Stein‹ wahrscheinlich ein Achat ist, wie ihn die Vergolder zum Glätten und Polieren von Blattgold benutzen. Die zweite Tafel zeigt die Fächermalerin. Sie sitzt allein in einem besseren Raum an einem großen Pult und hat das Fächerblatt flach vor sich

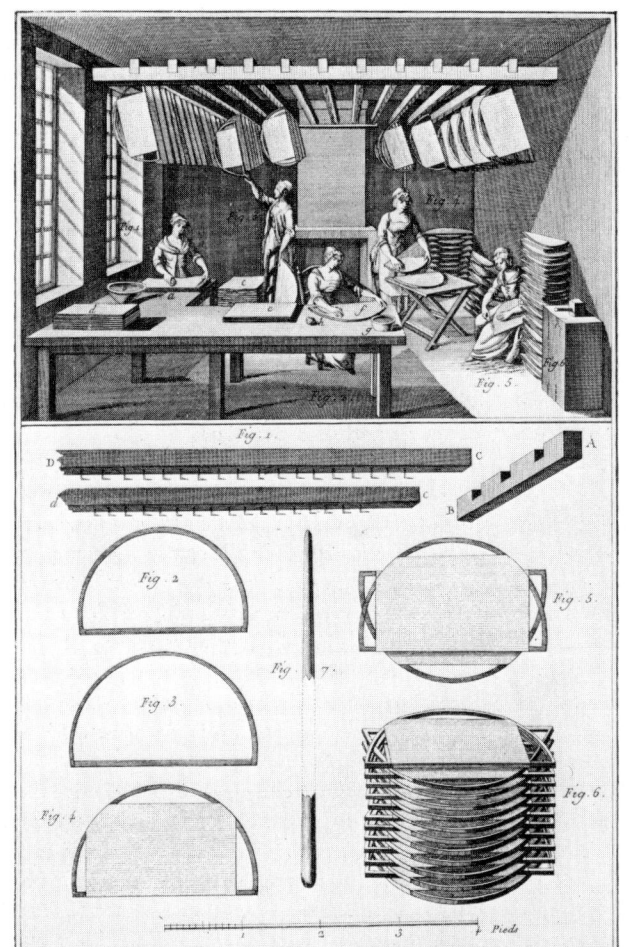 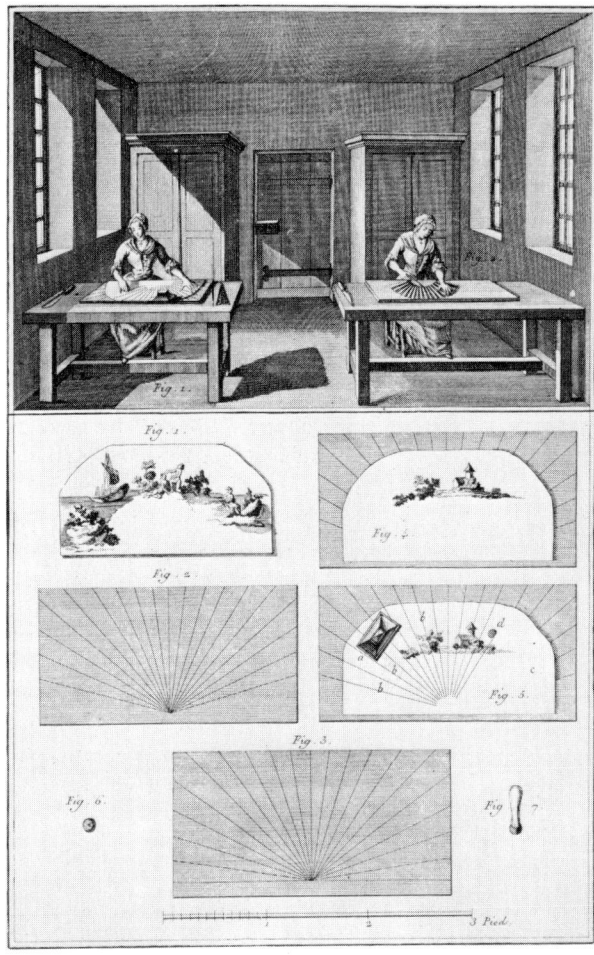

3 Die Arbeit des Eventaillisten aus Diderots »Encyclopédie« von 1765.

4 Fächer, das Blatt bemalt mit trunkenem Bacchus, Rückseite mit einer klassischen Ruine; helle Schildpattstäbe *piqué* mit Gold, zeigen Diana und Amoretten. Italienisch, zweites Viertel 18. Jahrhundert, 28 cm.

5 Fächer, das Blatt aus Kükenhaut, bemalt mit der Bucht von Neapel von Francesco Petilli, mit Inschrift »Veduta die Napoli col ritorno della squadra da Livorno«; Rückseite mit Figuren von einer etruskischen Vase; Schildpattstäbe *posé* mit Rotgold. Neapolitanisch, spätes 18. Jahrhundert, 28 cm (jetzt im Museum in Glasgow).

ausgebreitet. Auf einer Staffelei vor ihr steht das Bild, das sie kopiert.

Die Tafeln 3 und 4 zeigen den nächsten Arbeitsvorgang, das Aufziehen der Fächer – eine Aufgabe, die große Sorgfalt verlangt. Zwei Frauen sitzen an großen Tischen mit Schränken hinter sich, in denen sie die fertigen Fächer aufbewahren. Die erste Arbeiterin legt fest, wo die Falten verlaufen sollen. Zu diesem Zweck legt sie den Bogen auf ein Brett aus Nußbaumholz, in das strahlenförmig Rinnen eingeschnitten sind. Sie hat mehrere solcher Bretter und wählt das für die endgültige Spannweite des Fächers am besten geeignete, sorgfältig darauf bedacht, daß die Falten nicht an unpassenden Stellen den Entwurf überschneiden. Mit Hilfe eines Werkzeugs, *Jeton* genannt, das einen Durchmesser von etwa zwei Zentimetern hat, mit oder ohne Griff ist und aus Silber oder Kupfer besteht, faltet sie dann den Fächer, indem sie den *Jeton* über das Papier und die Rinnen gleiten läßt. Hierauf wird das Mittelstück des Bogens halbkreisförmig ausgeschnitten und das Blatt wie eine Ziehharmonika an den markierten Strichen gefaltet. Dann trennt die zweite Arbeiterin mit der *sonde* die beiden Papierschichten zwischen den Falten am unteren Ende des Fächers, um die Stäbe einzupassen oder vielmehr die glatten Enden der Stäbe, die am fertigen Fächer nicht sichtbar sind. Es ist zwar ziemlich wahrscheinlich, daß die Stäbe in einer anderen Abteilung der gleichen Werkstatt angefertigt worden sind, aber es ist ebenso möglich, daß sie aus China importiert sind. Bevor das Blatt an den Stäben befestigt wird, wird es eng gefaltet und an beiden Enden beschnitten. Die Stäbe werden dann an der richtigen Stelle eingeschoben, und ein Papierband wird außen um das Blatt gebunden.

Eine gute Abbildung der Werkzeuge, die die Fächermacher benutzen, findet sich auf dem Reklameschild des holländischen Fächermachers Frans Beenevelt de Jonge. Dies also sind die für die Herstellung eines Handfächers nötigen Hilfsmittel. Nicht alle Fächer hatten Doppelblätter: Bei italienischen und flämischen Fächern des ausgehenden 17. und frühen 18. Jahrhunderts waren sie selten. Fächer mit einfachen Blättern werden oft als ›monté à l'anglais‹ bezeichnet, vermutlich weil man infolge der hohen Papiersteuern in England noch sparsamer sein mußte als anderswo.

Der von Diderot illustrierte Fächer war ein ganz einfacher schlichter Fächer. Das war, wie wir sehen werden, durchaus nicht immer der Fall; oft mußten unzählige weitere Details hinzugefügt werden.

Zu Beginn des 18. Jahrhunderts fing man an, die Stäbe zu verzieren. Sowohl Elfenbein- wie Schildpattstäbe wurden oft mit kleinen Beschlagnägeln oder mit Silber- oder Goldstreifen eingelegt (Piqué). (Siehe Abbildung 6 CSK, Baldwin Coll., 4. Mai 1978, Los 27, £320). Das hervorragendste *Piqué* soll in Paris und Neapel angefertigt worden sein, aber es wurde auch in England und Holland ausgeführt. Ende des 18. Jahrhunderts bediente man sich gelegentlich der *Posé d'or*-Technik, wobei Schildpatt mit ziseliertem Goldmuster eingelegt wurde (siehe Abbildung 4: CSK, 31. Oktober 1978, Los 13, £340). Zu dieser Zeit begann man einzele Stäbe mit Perlmutternägeln (clouté) zu verzieren (CSK, Baldwin Coll., 4. Mai 1978, Los 100, £2.600, siehe Abbildung 14, sowie Los 45 derselben Auktion, £410). Diese Verzierungen hatten oft die Gestalt von Harlekins oder anderen Figuren aus der Commedia dell'Arte (siehe CSK, Baldwin Coll., 4. Mai 1978, Los 34, £170, circa 1710, siehe Abbildung 5) oder von Vögeln, wie in der Auktion vom 17. Mai 1979, Los 5. Eine andere Kombination findet sich an einem italienischen Fächer aus der Mitte des 18. Jahrhunderts (Sammlung Baldwin, Los 3, £100). Die Elfenbeinstäbe haben Perlmutterdeckstäbe, *clouté* mit Schildpatt. Eine andere Art von Stäben in der ersten Hälfte des 18. Jahrhunderts sind getönte Elfenbeinstäbe. Manchmal sind nur die Deckstäbe getönt. Ein italienischer Fächer, der bei Christie's verkauft wurde, besaß Deckstäbe, die rot gefärbt und mit einem algenähnlichen Motiv geädert waren, so daß sie wie marmoriert wirkten.

Die Mehrzahl dieser Stäbe aus der ersten Hälfte des 18. Jahrhunderts sind schmaler und schmucker als die des vorhergehenden Jahrhunderts. Sie besitzen häufig einen leichten Hals und *gorge* – das heißt, die Deckstäbe verjüngen sich allmählich von der Spitze bis zum Ende des Papiers und schwellen dann leicht an, bilden gerundete Schultern, um sich gegen den Stift hin wieder zu verjüngen. Es ist üblich, daß die Stäbe am Stift wieder breiter werden und einen Griff bilden. Um 1740 ist der Griff manchmal geschnitzt und bildet eine Muschel oder eine Korngarbe oder einen anderen Zierrat. Ein holländischer Fächer in der CSK-Auktion vom 17. Mai 1979 (Los 19) hatte die Form eines Vogelkopfes. Damals und auch später in diesem Jahrhundert war es durchaus üblich, daß die Deckstäbe mit einem anderen Material am Griff eingefalzt wurden, wie etwa Elfenbein mit Schildpatt oder Perlmutter, oder Holz mit Bein. Das trägt sowohl zur Verstärkung wie zur Zierde bei. Gelegentlich sind die Deckstäbe aus anderem Material hergestellt als die übrigen Stäbe; so sind zum Beispiel die Deckstäbe aus Schildpatt, die übrigen aus Elfenbein. Die übliche Spannweite eines Fächers dieser Periode ist etwa 120°, während die der Fächer des späten 17. Jahrhunderts fast 180° beträgt. Die Stäbe berühren sich noch, wenn der Fächer ganz geöffnet ist, so daß sich eine zusammenhängende Oberfläche ergibt.

Wo wurden all diese Stäbe hergestellt? Man ist sich noch nicht vollkommen klar darüber. Man nimmt an, daß Elfenbein zumeist in Paris verarbeitet wurde und später, gegen Ende des 18. Jahrhunderts, in Dieppe. Aber da viele von den Handwerkern Protestanten waren, müssen nicht wenige nach der Aufhebung des Edikts von Nantes nach London und Holland geflohen sein (siehe Kapitel 3). Jedenfalls bezeichnen sich viele Mitglieder der Fächermachergesellschaft als Stäbemacher. Während des ganzen Jahrhunderts wurden viele Stäbe aus China eingeführt. Der Handel mit China ging meistens über Frankreich und

6 Fächer, bemalt mit einer Allegorie von der Beständigkeit der Ehe, mit Göttern und Putten; Elfenbeinstäbe geschnitzt, clouté *mit Perlmutter und* piqué *mit Silber; Deckstäbe mit applizierten Harlekinen und Delphinen aus Perlmutter. Ca. 1710, 28 cm.*

England. Holland scheint nicht viele Fächer aus China eingeführt zu haben. Möglicherweise haben einzelne Seefahrer sie mitgebracht, und im Jahre 1760 hat die Holländische Ostindische Gesellschaft bekanntlich ein oder mehrere Muster zum Kopieren nach Kanton gesandt. Kommerziell war das ein Mißerfolg, aber Dr. van Eeghen weist darauf hin, daß eines der Muster Perseus und Andromeda zum Gegenstand hatte, da eine Anzahl von chinesischen Versionen dieses Themas in Holland aufgetaucht sind. Zu diesem Zeitpunkt kann man noch nicht mit Gewißheit, jedoch mit einiger Wahrscheinlichkeit sagen, daß die meisten europäischen Stäbe in Frankreich und England und die einfacheren in Holland hergestellt worden sind. Die Piqué-Stäbe kommen wahrscheinlich aus Italien.

Um die Mitte des Jahrhunderts sind die Deckstäbe reicher verziert – ein prachtvoller, beschädigter Fächer (CSK, 23. Oktober 1979) hatte Stäbe mit Mica, Edelsteinen und getriebenem Silber verziert –, andere bestehen aus Elfenbein oder Elfenbein und Perlmutter, sind geschnitzt, und ihre Rückseite ist mit Flitter oder Stroharbeit verziert.

Mitte des Jahrhunderts findet man die Kanten der Deckstäbe häufiger vierkantig, nicht abgerundet wie früher. Sie werden aber jetzt oft umgekehrt angeordnet: Die obere Hälfte des Deckstabes ist breiter als die untere, aber auch vierkantig. Die Stäbe weisen häufig Zwischenräume auf, wenn der Fächer geöffnet ist, und die meisten Fächer dieser Periode (1750–80) haben eine Spannweite von fast 180° oder sogar mehr als 180° oder *à grand vol*. Während dieser Periode sind die Stäbe nicht mehr alle einheitlich geschnitzt, sondern stürmisch bewegt, mit Figuren, Blumen und Rocaille, wobei das Muster über mehrere Stäbe ausgedehnt ist.

Vom Ende dieser Periode datieren die Battoire-Stäbe. Das sind Zierstäbe, breit auseinanderstehend, mit großen, dekorativ durchbrochenen Medaillons im Mittelstück. Die Medaillons

7 Fächer, Mittelvignette von Zeus und Danae, flankiert von Putten und ausdrucksvollen Köpfen; Elfenbeinstäbe geschnitzt und durchbrochen mit Blumen-Urnen, gitarrenförmigen Figuren und Putten. Französisch, ca. 1780, 24 1/2 cm, in vergoldetem, lasiertem Fächerbehälter.

nehmen manchmal die Form von Tennisschlägern oder Gitarren an (CSK, Baldwin Coll., 4. Mai 1978, Los 116, £550, siehe Abbildung 7). Battoire-Stäbe scheinen vom spanischen Markt bevorzugt worden zu sein; jedenfalls waren in der Ausstellung in Madrid im Jahre 1920 eine Anzahl solcher Exemplare zu sehen.

Die meisten Stäbe sind entweder ganz aus Elfenbein oder aus Perlmutter. Sie sind gewöhnlich reich geschnitzt und mit Figuren und Blumen durchbrochen. Auf den bedeutenderen Fächern spiegelt die Schnitzerei das Thema auf dem Blatt wider. Bei besonderen Aufträgen wurden Stäbe und Blatt gesondert entworfen und bestellt. Diesen Punkt sollte man im Auge behalten, da eine große Anzahl von Fächern auf späteren Stäben neu befestigt sind oder umgekehrt, weil entweder die Stäbe oder das Papier Schaden gelitten haben. Viele Stäbe sowohl aus Elfenbein wie aus Perlmutter haben eine dünne Unterlage von Perlmutter. Die Deckstäbe haben oft eine dünne Schicht zwischen ihren zwei äußeren Schichten; sie schimmert durch die geschnitzten, durchbrochenen Teile der oberen Schicht und ebenso wenn sie als Unterlage für die Stäbe benutzt wird. Sowohl Elfenbein- wie auch Perlmutterstäbe

8 Hochzeitsfächer, bemalt mit Porträtminiaturen von Braut und Bräutigam und drei geschweifte Vignetten mit Werbungsszenen vor rosa Grund; elfenbeinerne Battoirestäbe, geschnitzt und durchbrochen. Französisch, wahrscheinlich für den spanischen Markt, ca. 1780, 26½ cm (CSK, 23. Oktober 1979, Los 68, £320).

sind häufig versilbert und vergoldet und oft noch bemalt. Manchmal sind sie sogar mit Stroharbeit verziert (Christie's, 23. Februar 1972, Los 171, 220 Gns., siehe Abbildun 9, ein sehr reiches Exemplar). Die Stroharbeit ist sogar in verschiedenen Farben getönt. Die Stäbe sind auch mit Perlmutter *(clouté)* überzogen. Silber- und Gold*piqué* ist zu dieser Zeit anscheinend nicht mehr üblich. Nun werden die Stäbe auch auf der Rückseite mit farbigem Rauschgold oder mit farbigem Metallpapier, vorwiegend rosa, oder manchmal mit Mica versehen. Stäbe aus Schildpatt oder aus Horn treten gelegentlich in Erscheinung, ebenso gebeizte, hölzerne, obwohl die letzteren häufiger in den beiden letzten Jahrzehnten des Jahrhunderts auftauchen. Manchmal findet man zu dieser Zeit auch Stäbe aus unterschiedlichen Materialien oder in kontrastierenden Farben aus Holz und Elfenbein oder gebeiztem und ungetöntem Elfenbein. Das aber ist viel häufiger bei chinesischen Exportfächern Mitte des 19. Jahrhunderts der Fall, wo sich mitunter drei verschiedene Materialien finden, z. B. Perlmutter, Elfenbein und *cloisonné* – Email oder Silberfiligran. Aus den 60er Jahren des 18. Jahrhunderts stammen die Pagoda-Stäbe, so genannt von Woolliscroft Rhead. Sie bestehen aus durchbrochenem Elfenbein und sind derart geschnitzt, daß sie Rutenbündeln gleichen. Nr. 119 der Madrider Ausstellung von 1920 war ein gutes Beispiel; ein anderes Beispiel war CSK, Baldwin-Sammlung, 4. Mai 1978, Los 91, £360 (siehe Abbildung 10). Jeder Stab ist der Länge nach in zwei Teile geteilt, die in gewissen Abständen miteinander verbunden sind, so daß der geschlossene Fächer einem Rutenbündel gleicht. Der Stil dieses Fächers ist nicht ausgesprochen chinesisch, sondern er entspricht eher dem gewisser Stühle dieser Periode mit sogenannten Pagodabeinen. Das Kapitel ›Chinoiserie‹ in *Fans from the East* erwähnt ähnliche Muster in Charles Manwarings *Entwürfe für Möbel* (1760). Eine Reihe solcher Stühle wurde kürzlich bei Christie's verkauft.

Um etwa 1780 wurden die Stäbe wieder einfacher. Die meisten Fächer haben jetzt eine Spannweite von etwa 120°, viele der gedruckten Fächer haben gerade, dünne, glatte Holzstäbe mit einem rechteckigen Vorsprung an der Spitze, wo sie ans Papier stoßen; sie sind gewöhnlich ca. 28 cm lang. Eine Anzahl europäischer Fächer ist an chinesischen Stäben befestigt, manchmal aus Elfenbein, manchmal aus Holz mit Gitterverzierung. Tatsächlich ist der Hauptschmuck der Stäbe des späten 18. Jahrhunderts dieses Gitterwerk, das sowohl in Dieppe wie in China und vielleicht auch in England hergestellt wurde. Manche Fächer haben glatte Stäbe mit Gitterwerk nur am oberen, breiteren Ende der Deckstäbe. An anderen Fächern überlappen sich die Stäbe wieder und bilden eine geschlossene Oberfläche, mögli-

9 *Schöner Fächer, das Seidenblatt bemalt mit Figuren und Blumen in stilisierten Pergolen aus Stroharbeit, Perlmutter und Pailletten; Elfenbeinstäbe geschnitzt, durchbrochen, versilbert, vergoldet und* clouté *mit Perlmutter- und Strohtrophäen; gerahmt und lasiert. Wahrscheinlich deutsch, ca. 1770, 26½ cm.*

10 Fächer, das Blatt bemalt mit ländlichem Jahrmarkt, Rückseite mit Verliebten in einer Landschaft; Elfenbeinstäbe durchbrochen und bemalt, bilden in geschlossenem Zustand Bündel von Stäben, von Ringen zusammengehalten. Französisch, ca. 1760, 29 cm.

cherweise, weil zu diesem Zeitpunkt Briséefächer wieder in Mode kamen. Unter Briséefächern versteht man Fächer ohne besonderes Blatt – die Stäbe bilden das Blatt. Manche Deckstäbe waren mit Stahlperlen verziert. Ein prachtvoller Fächer, der in *Fans from the East* (Tafel 16) abgebildet ist, hat mit Jaspisplättchen besetzte Deckstäbe. Der mit Vignetten bemalte *Brisée*fächer, möglicherweise von Angelika Kauffmann, hatte mit emaillierten Porträtminiaturen besetzte Deckstäbe (Christie's, 28. Juli 1971, Los 55, 420 Gns., siehe Abbildung 11). Die Stäbe sind wie bei einigen der bedeutenderen Fächer nicht gerade, sondern leicht verjüngt und etwas geschweift. Diese reich verzierten Deckstäbe sind Vorläufer der Verzierungen, die man an französischen gedruckten Fächern des frühen 19. Jahrhunderts findet (ca. 1815–25). Diese Fächer sind gewöhnlich etwa 22 cm lang und besitzen eine Spannweite von etwa 120°. Die Stäbe überlappen sich, sind gewöhnlich aus Elfenbein oder Horn, geschweift, aber ziemlich eckig, durchbrochen und *clouté* mit Stahl, Flitter oder Perlmutter. Die Deckstäbe sind oft reich verziert und können mit Perlmutterplättchen, Korallen, Opal und Goldmetallplättchen besetzt sein. Ein Exemplar, das bei CSK (17. Mai 1979, Los 87, £135) verkauft wurde, war sogar mit Uhrzifferblättern aus Email besetzt.

Die Fächer bleiben klein, solange die Kleider dünn und ohne Reifrock sind, und sie werden größer zwischen 1830 und 1860, als die Röcke voller und die Taschen wieder größer werden.

Um die Mitte des 19. Jahrhunderts haben die besten Fächer gewöhnlich Perlmutterstäbe. Wiederum überlappen sie sich, aber die Fächer sind vorwiegend 25 cm lang und haben eine Spannweite von fast 180°. Die Stäbe sind oft sehr breit, haben abgerundete Kanten und verjüngen sich gegen den Stift zu. Sie sind reich geschnitzt, durchbrochen, vergoldet und mit Perlmutter unterlegt wie im 18. Jahrhundert. Die Spitze der Deckstäbe ist meist gerade und von derselben

Länge wie das Papier, das oft ziemlich kurz ist, manchmal nur ein Drittel der gesamten Länge des Fächers einnimmt.

Die weniger kostbaren Stäbe sind aus Elfenbein, Horn oder lackiertem Holz. Einzelne Stäbe sind sogar mit lithographischen Szenen dekoriert. Zu dieser Zeit findet man zum erstenmal vergoldete Metallgriffe am Stift befestigt, an dem oft reiche Seidenquasten hängen (CSK, 17. Juli 1979, Los 149, siehe Farbtafel 12, ein besonders hervorragendes Exemplar). Man trifft auch im 18. Jahrhundert Fächer mit Handgriffen an, aber meiner Erfahrung nach sind sie alle von M. Duvelleroy oder einem anderen *éventailliste* im 19. Jahrhundert hinzugefügt worden. Dr. van Eeghen berichtete mir, daß ihr Vater im Besitz eines Entwurfs für einen Fächergriff des 18. Jahrhunderts war, aber auch sie sei noch nie einem solchen Exemplar begegnet. (Während diese Zeilen geschrieben wurden, ist am 31. Januar 1980 bei CSK ein Fächer aus dem 18. Jahrhundert mit einem Griff aus derselben Zeit zum Verkauf eingetroffen.)

Zwischen 1860 und 1870 werden die Stäbe etwas länger, etwas schmaler und haben etwas eckigere Kanten. Sie sind auch einfacher, gewöhnlich aus Horn mit einem leichten durchbrochenen Muster. Die kostbaren Spitzenfächer haben meistens Perlmutter- oder Schildpattstäbe. Zwischen 1880 und 1900 werden die Stäbe oft sehr lang, ca. 30 cm. Sie sind schmaler, weisen Zwischenräume auf und verjüngen sich von der Spitze gegen den Stift. Die Enden der Deckstäbe weisen oft kleine geschnitzte Blumendekorationen auf, die sich an den Spitzen der Stäbe wiederholen. Sie haben keine Kanten mehr. Viele bestehen aus Holz, das weiß, grau oder schwarz lackiert ist. Es gibt eine Anzahl von Fächern dieser Periode, die ziemlich leichte, geschweifte und abgerundete Stäbe besitzen, wie CSK, 17. Mai 1979, Los 147, £40 (siehe Farbtafel 13).

11 Schöner Briséefächer aus Elfenbein, bemalt mit zwei ovalen Vignetten mit Alpenschäferin, Gualtherius und Griselda, möglicherweise von Angelica Kauffmann, R.A.; rechteckiges geschnitztes und durchbrochenes Mittelstück mit Venus in einem von Löwen gezogenen Streitwagen mit Putten; Umrandung fein geschnitzt, durchbrochen und vergoldet mit Blumen, Herzen und anderen erotischen Sinnbildern; Deckstäbe mit zwei emaillierten Miniaturen in Goldrahmen. Ca. 1780, 25 cm (ein Deckstab repariert).

Im 20. Jahrhundert haben die gedruckten Fächer gewöhnlich einfache hölzerne Stäbe. Die Federfächer haben meist Perlmutterstäbe, wenn sie weiß oder farbig sind, und Schildpattstäbe, wenn sie schwarz sind. Die Stiele der Straußenfedern, die in den zwanziger Jahren modern waren, bestanden gewöhnlich aus gebeiztem Elfenbein. Im September 1922 erwähnt die Zeitschrift *Art, Goût, Beauté,* daß lange, schwere *Brisée*fächer aus Schildpatt mit breiten Stäben modern seien.
Doch kehren wir zum Fächerblatt zurück. Wie aus Kapitel 3 ersichtlich wird, bestand bis etwa 1780 das Blatt gewöhnlich aus Pergament oder Papier. Die kostbareren wurden manchmal mit denselben Materialien wie die Stäbe verziert, nämlich Ende des 17. und Mitte des 18. Jahrhunderts mit Mica und Mitte des 18. Jahrhunderts

12 Fächer, schmales Blatt mit handkolorierter Lithographie einer Hofszene im Stil des 17. Jahrhunderts, Rückseite mit Göttern im Olymp; Perlmutterstäbe geschnitzt, durchbrochen, mit einer Mittelvignette einer handkolorierten Lithographie, die Figuren in Kostümen des 18. Jahrhunderts in einem Park zeigt, und zwei kleineren Vignetten, mit Blumensträußen bemalt; Deckstäbe mit Porzellanschildchen besetzt, bemalt mit Putten in kunstvoll emaillierten vergoldeten Metalleinfassungen und mit zwei Spiegeln besetzt; mit verziertem Griff. Ca. 1860.

13 Fächer, Gazeblatt bemalt mit blauen und weißen Gänseblümchen; Bänder lose angeheftet, Rosetten bildend, wenn der Fächer geschlossen ist; geschnitzte und bemalte hölzerne Stäbe. Ca. 1890, 35 cm.

mit Stroharbeit und Perlmutter. Dazu kamen im frühen 18. Jahrhundert Flitter (CSK, 17. Mai 1979, Los 13, £60, siehe Farbtafel 15), Federn, gelegentlich Schmetterlingsflügel und Mitte des 18. Jahrhunderts Seidenapplikationen. Etwas später, als viele Blätter aus Seide waren, wurden sie mit Goldborte, Pailletten und Flitter besetzt, gelegentlich hatten sie sogar bemalte Elfenbeingesichter, wie wir bei den Kantonfächern des 19. Jahrhunderts sehen werden, die in Kapitel 6 beschrieben sind.

Manche Fächer bestanden aus Silberpapier, besonders von der Mitte des 18. Jahrhunderts bis zu den achtziger Jahren. Es wurde oft mit Glanzpapier oder *découpé*-Arbeit verziert. Andere Fächer wurden mit Streifen aus gepreßter Silberfolie dekoriert. Die Fächer mit Gucklöchern hatten Einsätze aus Därmen.

Manchmal findet man Fächer des 18. Jahrhunderts aus Spitzen. Ein hervorragendes Exemplar befindet sich in Waddesdon; ein anderes wurde bei CSK, 29. Juli 1976 (Los 34, £140), verkauft, aber die Spitze war neu aufgezogen. Los 8 (circa 1780) in der gleichen Auktion, für £135 verkauft, hatte auch einen Spitzengrund, mit bemalten Vignetten besetzt. In derselben Auktion waren zwei Fächer aus gesticktem Musselin, circa 1760 (Los 43 und 44), die £170 bzw. £150 erzielten.

Erst zwischen 1860 und 1870 wurde Spitze in größerem Umfang für Fächer verwendet, von denen einige hervorragende Exemplare noch erhalten sind. Weiße Spitze war an Perlmutterstäben befestigt, schwarze Spitze an Schildpattstäben (CSK, 17. Mai 1979, Los 27, £20, siehe Farbtafel 16).

Die Gestelle wurden ›à disposition‹ hergestellt, genau nach der Form des Fächers. Die Qualität der noch vorhandenen Exemplare ist natürlich unterschiedlich. Die häufigsten Spitzenarten sind Brüsseler, Honiton und Chantilly. Auf einigen der schönsten Exemplare sind ganze Szenen abgebildet. Ein hervorragender Fächer, der bei Sotheby's Belgravia im Mai 1979 verkauft wurde, zeigte Szenen aus *Don Quixote*.

Außerdem existieren noch einige seltene Exemplare von Fächern des 17. und 18. Jahrhunderts mit Stickereien, und im Cooper-Hewitt-Museum in New York befindet sich ein Fächerblatt aus Meißener Porzellan aus der Mitte des 18. Jahrhunderts.

In *Domestic Needlework* von G. S. Seligman und T. Hughes sind etliche Exemplare von gestickten Fächern abgebildet: Farbtafel XVII B – ein Fächerschirm mit einer Vignette eines sich aufopfernden Pelikans, mit Silberrand, französisch, spätes 17. Jahrhundert. Tafel 47, A, B und C – ein Paar gestickte, umgekehrte, birnenförmige Handschirme, in farbigem Wollgarn gearbeitet, mit Chinoiserie-Figuren ähnlich den Stuhlbezügen dieser Zeit, englisch, ca. 1720, aus der Percival Griffiths Sammlung und ein einzelner Handschirm von ähnlichem Aussehen. Tafel 48 C – ein anderer Handschirm, auch in Petit-Point-Sticke-

14 Fächer, Gazeblatt überall mit Mica verziert, bemalt mit Vignetten des La Vie Rustique; *Elfenbeinstäbe vergoldet, Deckstäbe aus Schildpatt,* clouté *mit Perlmutter und farbigem Marmor. Französisch, ca. 1700, 29 cm.*

15 Fächer, das Blatt bemalt mit Schäfer und Schäferin und verziert mit Adlern, Blumen und Putten aus Flitter; Elfenbeinstäbe und Schildpattdeckstäbe. Englisch, ca. 1720, 25 cm.

16 Schwarzer Spitzenfächer; Schildpattstäbe geschnitzt mit Monogramm UB mit einer Krone darüber. Ca. 1880, 32 cm.

rei, mit einer Schäferin, englisch, ca. 1740. Ferner zwei interessante Exemplare aus demselben Jahrhundert, doch etwas später. Farbtafel XVII A – ein Fächerblatt, lose, aus Gaze, mit Stickerei, David mit dem Haupt des Goliath darstellend, und Vignetten von Brunnen, mit einem unbestickten Hintergrund, wahrscheinlich italienisch, ca. 1775–1800. Tafel 46 A – ein Leinenblatt, in Silber und farbiger Seide gestickt, mit drei ovalen Landschaften und feinen Blumenanlagen, italienisch, ca. 1780–1800.

In den Jahren zwischen 1760 und 1770 wurden oft um die gemalten Vignetten auf Seidenfächerblätter Pailletten und Borten gestickt. Im frühen 19. Jahrhundert wurden Gold, Spitze und Pailletten mehr und mehr an französischen Fächern üblich, auch an den für den spanischen Markt bestimmten. Diese Fächer, reich mit Pailletten bestickt, kamen in ähnlichem Stil im 20. Jahrhundert wieder in Mode. Doch wurde nun der Grund meist ganz mit Pailletten bedeckt, in der Regel nicht mehr in Gold, sondern in verschiedenen leuchtenden Farben, manchmal mit Perlmutterstäben in zu den Pailletten passenden Farben.

Von etwa 1840 an findet man Handschirmpaare, mit Perlen bestickt wie die Fußschemel der Periode. Sie sind oft rund, mit Fransen besetzt und mit gedrechselten Holzgriffen versehen.

Fächerbehälter

Ein Grund, warum viele Fächer so gut erhalten sind, ist, daß sie öfters in Behältern aufbewahrt worden sind, manchmal sogar in ihren ursprünglichen. Viele englische Behälter aus dem 18. Jahrhundert tragen noch die Etiketten der Fächermacher. So ist es möglich, die Behälter mancher Fächermacher zu identifizieren. Clarke bevorzugte Schachteln von sechseckigem Querschnitt, mit grünem Papier überzogen und übermalt. Die meisten aus dem 18. Jahrhundert erhaltenen Schachteln sind aus Papiermaché und mit altem Zeitungspapier ausgefüttert. Die englischen Behälter sind alle lange Büchsen mit abnehmbarem Deckel, entweder sechseckig oder elliptisch. Sie sind mit rosa, weißem, blauem, rot und orange gemustertem Papier überzogen. Holländische Behälter sind lang, schmal und viereckig. Die Deckel sind mit farbigem Papier überzogen und mit schablonierten Motiven verziert, oft mit einem einfachen Kreuzmuster.

Spitz zulaufende rechteckige Behälter mit Haken und Scharnieren, mit Chagrin überzogen, sind auch noch erhalten und gelegentlich auch französische oder englische ovale röhrenförmige Behälter aus rotem Marokkoleder (Maroquin) aus dem späten 18. Jahrhundert. Der Sammler muß sich in acht nehmen vor ovalen röhrenförmigen Papierschachteln mit unechter roter Lederhülle; diese stammen aus der Zeit um 1840, wie sich aus der Art des Papiers, das im Papiermaché verwendet wurde, erkennen läßt. Eine Schachtel, früher im Besitz von Lady Charlotte Schreiber, bei Sotheby's Belgravia im Mai 1979 verkauft, enthielt einen Parlamentsbeschluß von ›8 Victoria‹ (d. h. 1845).

Im 19. Jahrhundert sind die meisten erhaltenen Behälter vom gleichen Typus wie die holländischen aus dem 18. Jahrhundert, aber sie haben oft Scharniere. Regency-Behälter jedoch sind oft rechteckige Varianten von englischen Exemplaren aus dem 18. Jahrhundert. Es existieren auch einige schöne sargförmige französische Fächerschachteln dieser Art aus marokkanischem Leder von etwa 1810. Seit etwa 1840 sind die Schachteln hauptsächlich mit bedrucktem Papier überzogen und mit dazu passendem Papier gefüttert. In die Innenseite des Deckels ist das Firmenzeichen in Gold eingeprägt. *Kanton*fächer haben die prächtigeren lackierten Schachteln, aber viele der schönsten Straußenfederfächer von Duvelleroy befinden sich in riesigen, rechteckigen, weißen, mit Satin oder Papier gefütterten Behältern.

Eine Anzahl von gepunzten Lederbehältern aus dem späten 19. Jahrhundert ist ebenfalls erhalten. Es existiert auch noch eine Reihe von Schachteln, wahrscheinlich aus dem 20. Jahrhundert, die mit Seide aus dem 18. Jahrhundert und später überzogen sind; sie tragen oft spanische Etiketten.

17 Fächer, schwarzes Blatt bemalt mit Putten, die einem Prinzen bei der Toilette behilflich sind, Rückseite mit Blumensträußen; Schildpattstäbe geschnitzt und durchbrochen. Nordeuropäisch, spätes 17. Jahrhundert.

3 Bemalte Fächer des siebzehnten und achtzehnten Jahrhunderts

Barock

Es ist unwahrscheinlich, daß der Sammler heutzutage Fächer aus der Zeit vor der zweiten Hälfte des siebzehnten Jahrhunderts antrifft. Doch sind während der dreizehn Jahre spezialisierter Fächerauktionen bei Christie's etwa zwei Dutzend Fächer aus den letzten Jahrzehnten des siebzehnten Jahrhunderts auf den Markt gekommen, so daß es dem ernsthaften Sammler möglich sein dürfte, wenigstens ein Exemplar für seine Sammlung zu erwerben.

Drei Typen sind bisher in Erscheinung getreten. Der erste ist ein sehr langer Fächer (30 cm), mit dickem, rauhem bemaltem Blatt aus Ziegenleder, mit einer Spannweite von fast 180°, bemalt mit recht lockeren, aber wohlausgewogenen Kompositionen, die meist dicke Putten zeigen, in leuchtenden Farben, oft mit Gold hervorgehoben, wie etwa ›Die Toilette eines Prinzen‹ (CSK, Baldwin-Sammlung, 4. Mai 1978, Los 80, £800, siehe Abbildung 17). Diese Fächer haben ziemlich schwere Schildpattstäbe mit spärlicher Verzierung. Tatsächlich stimmen die Stäbe in der Form fast immer überein, wenn sie auch manchmal aus Elfenbein und nicht aus Schildpatt hergestellt sind. Sie stammen wahrscheinlich von derselben Quelle. Fächerblätter dieser Art finden sich in der Sammlung Schreiber (tatsächlich schwanken sie in ihrem Stil zwischen diesem und dem nächsten Typus; der Gegenstand der Darstellung ist dem ersten Typ ähnlich, aber weniger detailliert als der zweite), wie z.B. S.M. 359 S.F. 2: ein französisches Fächerblatt, mit einer Allegorie der Hochzeit Ludwigs XIV. bemalt. Die Szene ist so gemalt, als sei sie rechteckig angelegt, dann aber in Fächerform zugeschnitten worden. Manchmal geht der Schnitt quer durch Bogen und Gewölbe, was dem Fächer ein theatralisches Aussehen verleiht. Die Hofdamen halten Fächer in den Händen und Amoretten machen das Bett zurecht.

S.U. 360: ›Die Heiratsvermittlung‹ – in einem klassischen Gebäude auf einer Insel nähern sich Liebende Tischen, die mit grünem Tuch bedeckt sind, und empfangen Karten mit der Inschrift ›*Congé pour un Amant Constant*‹, etc.

S.U. 361 S.F. 3: ›Die Toilette‹, bemalt mit einer Dame bei der Toilette in einem von Blumen übersäten Raum, während ihr Liebhaber eintritt.

S.U. 362: ›Die Braut‹ – wiederum eine sehr offene, bühnenhafte Gruppierung mit einem großen Himmelbett. Die junge Braut wird vom Bräutigam umarmt, während ihr Gefolge sie entkleidet. An der Tür wird der Priester von Freunden empfangen.

In der Sammlung Walker befanden sich zwei weitere Fächer dieses Typs, aber mit klassischen Szenen von Diana und Endymion und dem Sonnenwagen des Phoebus. Hier ist der untere Rand mit Blumen bemalt.

In dieser Gruppe von Fächern gibt es eine Anzahl viel einfacherer, nur mit Abbildungen von Orangenbäumchen in Blumentöpfen, mit Putten und Draperien dekoriert. Im Katalog erscheinen manche Fächer als nordeuropäisch, andere als französisch. Der zweite Typ ist qualitativ weit besser, sehr wahrscheinlich französisch, mit Bildern mit höchst detaillierten Szenen, reich an Figuren, alle gut gemalt. Besonders die Kostüme sind vorzüglich behandelt. Wie der vorige Typ sind sie in Deckfarbe gemalt, gewöhnlich auf dunklem Grund, aber auf einem dünneren Glacélederblatt von der Art des sogenannten Kükenhaut-Typus. Ein Fächerblatt dieser Art wurde bei Christie's verkauft (3. Mai 1972, 230 Gns., siehe Abbildung 18) und befindet sich jetzt im Victoria & Albert Museum; es existiert auch eine bezaubernde Serie vom Marktleben und von anderen Pariser Alltagsansichten im Musée des Arts Décoratifs und im Musée Carnavalet. Was diese Exemplare gemeinsam haben, ist, daß sie länger sind als die Fächer der nächsten Jahrzehnte.

Der dritte Typ besteht aus Mica und ist viel kleiner als die beiden vorangegangenen Kategorien. Mehrere Exemplare dieses Typs sind bekannt. Eines (Christie's, Sammlung Bompas, 14. Juli 1969, Los 98, 260 Gns., ca. 1665–75, 20 cm, siehe Abbildung 2) ist mit Pfauen, Büsten und Blumen bemalt und hat Schildpattstäbe. Ein weiteres befindet sich in der Sammlung Messel. Diese Fächer erinnern an die Konstruktion der von Bapst beschriebenen Fächer des späten 16. Jahrhunderts. Die bemalten Micaplatten werden von Papierrahmen festgehalten. Jede Micascheibe ist in leuchtenden Farben mit einer juwelenartigen Miniatur bemalt, einer Figur, einer Büste mit sorgfältig detailliertem Haarstil oder einem Tier oder Blumen. Auch diese Fächer waren wahrscheinlich französisch.

Da in den meisten dieser Szenen Figuren in zeitgenössischem Kostüm auftreten, ist es in der Regel am besten, die Datierung von der Mode der Kostüme oder Haartrachten herzuleiten. Wesentlich mehr Fächer sind aus den frühen Jahren des 18. Jahrhunderts erhalten, und daher gibt es mehr zu vergleichen und zu beurteilen. Es ist möglich, sie in Gruppen einzuteilen, aber man kann doch nicht immer mit Sicherheit sagen, aus welchem Land sie ursprünglich stammen. Die beste Methode der Datierung und Zuordnung aller bemalten Fächer des 17., 18., und 19. Jahrhunderts ist die mit Hilfe des Malereistils, d. h. man versucht den Fächer mit Aquarellen, Porträtminiaturen und Ölgemälden zu vergleichen, die bereits datiert und deren Ursprung festgestellt ist. Aus vielerlei Gründen ist dies eine schwierige Aufgabe. Die Herstellung von Fächern war weit verbreitet und der Handel noch mehr. Import und Export von ganzen Fächern und von Fächerteilen war häufig. Dazu kommt, daß viele Fächer nicht gut gemalt, sondern von Handwerksgesellen und gewöhnlichen Malern ausgeführt wurden, und daß sehr wenig über sie bekannt ist, obwohl sich beim Studium zeitgenössischer Lokalzeitungen, Rathausregister, Versicherungsscheine und Testamente allmählich gewisse Muster abzuzeichnen beginnen. Wir haben bereits gesehen, daß Stäbe oft anderwärts hergestellt wurden als das Material, auf das sie aufgezogen sind. Aber dazu kommt noch ein weiterer ebenso verwirrender Umstand. Wie bei Ölgemälden wurde ein Fächerblatt nicht notwendigerweise von einer Person allein gemalt. Es gibt mehrere Exemplare, deren Ränder offenbar chinesisch sind, während die Hauptdarstellung europäisch ist. Was aber bei Porträtgemälden geschah, wo bekanntlich gewisse Künstler als Spezialisten nur Köpfe malten, während ein Gehilfe die Hände und ein anderer die Falten oder den Hintergrund ausführte (Sir Godfrey Kneller z. B. nannte sich immer ›Gesichtsmaler‹ und beschäftigte zumeist Capt. Byng für Komposition und Stellung, Alexander van Haecken für Falten und etliche Hunde- und Katzenmaler für andere entsprechende Teile). Das geschah sicherlich auch bei Fächern. Dr. van Eeghen hat Beispiele gefunden, wo holländische Fächerwerkstätten Maler anstellten, die Spezialisten für Blumen und Gesichter waren, und die nur damit beschäftigt waren, diese Teile der Fächer fertigzustellen. Die Rückseite des Fächers ist fast immer in einem weniger kunstvollen Stil und von einem geringeren Künstler gemalt.

Um das dritte Viertel des 17. Jahrhunderts wurden Paris und Versailles das Zentrum für Mode und Luxus, eine Stellung, die Paris seither mit Unterbrechungen innehat. Im Jahre 1673 wurde unter dem Patronat des Königs eine *Association des Eventaillistes* gebildet. Um die Mitgliedschaft zu erwerben, mußte der Fächermacher vier Lehrjahre dienen, und mancher mußte ein Meisterstück liefern. Die Zulassungsgebühr betrug 400 *livres*. Witwen konnten die Mitgliedschaft von ihren Ehemännern erben, wenn sie keine neue Ehe eingingen. Die Zahl der Gründungsmitglieder war 60. Als das Edikt von Nantes im Jahre 1685 aufgehoben wurde, flohen die protestantischen Mitglieder nach London und Holland, aber schon im Jahre 1753 war die *Association des Eventaillistes* wieder auf 150 Mitglieder angewachsen. Auch in England wurde das Gewerbe organisiert, und im Jahre 1709 wurde der *Worshipful Company of Fanmakers* von Königin Anna eine Stiftungsurkunde gewährt, und dies war die letzte städtische Zunft, die gegründet wurde. Offenbar wohnten damals 200 bis 500 Personen, die hinlänglich mit dem Fächergewerbe verbunden waren, in London oder Westminster oder in einem Umkreis von 30 km; manche waren wahrscheinlich französische Flüchtlinge. Es ist bedauerlich, daß die Protokolle erst von 1747 an mit dem Eintrag des 39. Mitglieds erhalten sind. Am 1. Juli 1751 wurde Thomas Coe, ein Stäbemacher aus Bethnal Green, als Mitglied zugelassen. Ferner wurden aufgenommen: Nr. 882, Francis Chassereau Jr. als Fächermacher, am 3. November 1755, Nr.

18 Fächerblatt, bemalt mit vornehmer Gesellschaft, ein Fährboot besteigend; Rückseite mit Blumensträußen. Ca. 1680, 50 cm (jetzt im Victoria & Albert Museum, London).

19 Abmontiertes Fächerblatt, bemalt mit Triumph der Venus, ca. 1720; in englischem verziertem Rahmen mit Etikett des Rahmenmachers. Ca. 1740 (Sammlung des Hon. C. A. Lennox-Boyd).

883, Robert Clarke am 12. September 1755 bei Mr. Clark in Bell Sauvage Yard, Ludgate Hill, Nr. 936, Sarah Ashton am 1. Februar 1770. Das Motto der Gesellschaft ist ›Arts and Trade Unite‹ (Vereinigung Kunst und Handel). Die Gesellschaft besteht noch heute, obwohl sie sich offensichtlich mehr mit der Organisation auf industrieller Grundlage befaßt.

So finden wir auf der einen Seite die Franzosen, die ihr Gewerbe mit Hilfe der *Association des Eventaillistes* schützen, und auf der anderen Seite des Ärmelkanals die *Company of Fanmakers*. Obwohl England und Frankreich viele Fächer ausführten, importierten sie um die Wende vom 17. zum 18. Jahrhundert auch eine große Anzahl, besonders aus dem Orient. Der chinesische Geschmack war in Mode. Europäische Fächer des frühen 18. Jahrhunderts zeigen oft Einflüsse chinesischen Geschmacks, besonders die Briséefächer, die um diese Zeit in Europa auftauchen. In Savary de Brulous *Dictionnaire Universelle de Commerce* (1723) steht unter ›Eventail‹ zu lesen: »Les Eventails de la Chine et ceux de l'Angleterre qui les imitent si parfaitement, sont les plus en vogue; et il faut avouer que les uns ont un si beau lacque, et que les autres cédent aux beaux Eventails de France, ils leur sont au moins préférables par ces deux qualités.« Leider wissen wir nicht, welchen englischen Fächertyp er meint, da sehr wenige Fächer aus dem frühen 18. Jahrhundert als englisch identifiziert sind. Es kann sich natürlich um chinesische Fächerblätter handeln, die in England montiert wurden, da er zugibt, daß er nicht zwischen chinesischen und englischen Fächern unterscheiden kann, oder vielmehr, daß englische Fächer die chinesischen so gut imitieren.

Kehren wir nun zu den Typen zurück, deren Ursprungsland identifiziert ist. Frankreich stellte weiterhin vorzüglich gemalte Fächer her, auf Papierblättern und Leder, bis 1735 meist noch im Stil des Hochbarock, auf dunklem Grund mit mythologischen oder theatralischen Themen und hübschen Blumen auf der Rückseite. Die Stäbe wurden geschmackvoller und waren oft *clouté* mit Perlmutterplättchen. Die Fächer waren etwas kürzer als im vergangenen Jahrhundert.

In Italien waren die Bildthemen klassisch (CSK, Baldwin-Sammlung, 4. Mai 1978, Los 27, £320, siehe Abbildung 4). Sie stammten auch häufig von berühmten römischen Gemälden, wie z. B. Guido Renis ›Aurora‹. So waren sie sehr geeignet als Geschenke, die man von einer *Grand Tour* mitbringen konnte. Im frühen 18. Jahrhundert waren sie auch biblisch (Christie's, 11. Juli 1967, Los 173, 25 Gns., mit einer ›Geburt Christi‹ bemalt, ca. 1720). Sie sind oft aus sehr feinem Glacéleder. Eine Anzahl italienischer Fächer ist signiert und mit Inschriften versehen, was die Identifizierung erleichtert, aber es wäre noch nützlicher, wenn die Maler auch an anderer Stelle erwähnt wären. Diese Fächer wurden nicht nur an Reisende und reiche italienische Adelige verkauft, sondern sie wurden auch in großer Anzahl exportiert, besonders nach England, z. B., Christie's, 3. Mai 1972, Los 86, 30 Gns.: ›Diana und Gefolge ruhend‹, von Leonardo Germo aus Rom, 27 cm lang. Ein anderer Fächer von demselben Künstler, der ›Triumph des Mordechai‹, wurde 1870 in der Ausstellung des South Kensington Museums ausgestellt und befindet sich jetzt im Victoria & Albert Museum. Eine interessante Gruppe von drei Fächerblättern wurde bei Christie's verkauft (21. Oktober 1970, Los 298, 299 und 300, siehe Abbildung 19) in ihrer ursprünglichen fächerförmigen Schachtel für Export via Livorno, zwei sind jetzt im Victoria & Albert Museum, Abteilung Prints & Drawings. Eines der Blätter ist eine Zeichnung in schwarzer Tinte, andere Exemplare gibt es in roter Tinte. Es ist möglich, daß viele dieser Fächerblätter in England nach ihrer Ankunft montiert wurden.

Ein anderer Typ, der gelegentlich noch erhalten

20 Interessanter, urkundlich festgehaltener Fächerentwurf: Federskizze von Venus und Adonis im Landschafts-Panorama mit Villen und Schlössern, signiert Dominico Spinetti Napolitano, Roma f. Ca. 1720, 25½ cm, in zeitgenössischem Holzbehälter mit Inschrift A. Sigri Baracchi und Mucotti, Livorno (jetzt im Victoria & Albert Museum, London).

21 Lackierter Briséefächer aus Elfenbein, bemalt mit holländischen Bauern beim Kegelspiel, nach Teniers (CSK, 23. Oktober 1979, Los 4, £150).

ist, ist der *découpé*-Fächer aus dem frühen 18. Jahrhundert aus Pergament. Ein schönes Exemplar befindet sich in der Sammlung Messel (siehe Peter Thornton in *Antiques International*, Abbildung 8). Es hat in der Mitte eine bemalte klassische Kartusche und mehrere kleine Vignetten, der übrige Grund ist aus Ziegenleder *découpé*, um den Anschein von Spitzen zu erwecken. Die Stäbe sind reichlicher verziert als die ihrer französischen Gegenstücke zu dieser Zeit. Sie sind durchbrochen, geschnitzt und nicht mehr gerade, sondern haben einen zwiebelförmigen Hals. Auch an der Wende vom 17. zum 18. Jahrhundert erscheint der Briséefächer in Europa. Soweit es sich feststellen läßt, wurden diese Fächer nur in Frankreich und Holland hergestellt, während die französischen Exemplare von Sammlern als *Vernis-Martin*-Fächer bezeichnet werden, eine Bezeichnung, die ihren Namen dem glänzenden, lackartigen Firnis verdankt, mit dem die Malerei überzogen ist (Technik der Gebr. Martin in Paris). Ihre Qualität ist unterschiedlich, aber oft sind sie prächtig. Sie sind kleiner als andere Fächer dieser Periode und mit klassischen und theatralischen Szenen bemalt, während die Stäbe als

selbständige Einheit behandelt sind. Am Halsende sind manchmal schmale Bordüren, gewöhnlich mit Chinoiserieszenen bemalt. Der andere Typ, wahrscheinlich holländisch, zeigt hellere Farben auf einem in der Mitte befindlichen Medaillon; die Ränder sind durchbrochen, um die Wirkung barocker Schnörkelverzierung zu erzielen. Der erste Typ war in der zweiten Hälfte des 19. Jahrhunderts besonders beliebt, und der Sammler kann durch Reproduktionen oder weitgehende Restaurierung verwirrt werden, vor allem weil noch eine geringe Anzahl von undekorierten Fächer erhalten ist.

Rokoko

Um 1735 wird ein leichterer, ausgeprägter Rokokostil bevorzugt, und bemalte und bedruckte Blätter werden dem Briséetyp vorgezogen. In Frankreich sind die Themen jetzt oft ländlich und romantisch. Die Blätter breiten sich beinahe bis zu einem Halbkreis aus, während sie zu Anfang des Jahrhunderts nicht mehr als 120° Spannweite besaßen. Sie sind jetzt immer auf hellem Grund gemalt, und den Stäben kommt viel größere Bedeutung zu. Sie sind vorwiegend aus Elfenbein oder Perlmutter und reich geschnitzt. Wenn auch die Darstellungen auf den Blättern meist noch die ganze Oberfläche bedecken, so beginnt man zu dieser Zeit doch damit, die Bilder in Vignetten aufzulösen (CSK, Baldwin-Sammlung, 4. Mai 1978, Los 90, £470, siehe Abbildung 23). Es gibt eine Reihe von Fächern, wahrscheinlich flämischer Herkunft, deren Blatt asymmetrisch aufgeteilt ist, oft durch eine Bordüre von *rocaille* mit Flitter dekoriert, um zwei Abteilungen zu bilden, die häufig von sehr verschiedener Größe sind (CSK, 31. Oktober 1978, Los 3, £150, siehe Abbildung 22).

In England erschien um 1740 der topographische Fächer. Einige sind von John Harris identifiziert und Thomas Robins zugeschrieben worden, so auch Christie's, 6. November 1972, Los 172 (270 Gns., siehe Abbildung 24), mit einer eleganten Gesellschaft, die Ralph Allens Steinbruch bei Prior Park besucht. Bei diesem Fächer sind die Ränder mit einem geometrischen Muster bemalt. Andere Exemplare, möglicherweise von Robins, zeigen Ansichten von Schloß Belvoir (de Vere Green, Farbtafel 26). Ein weiteres, etwas späteres

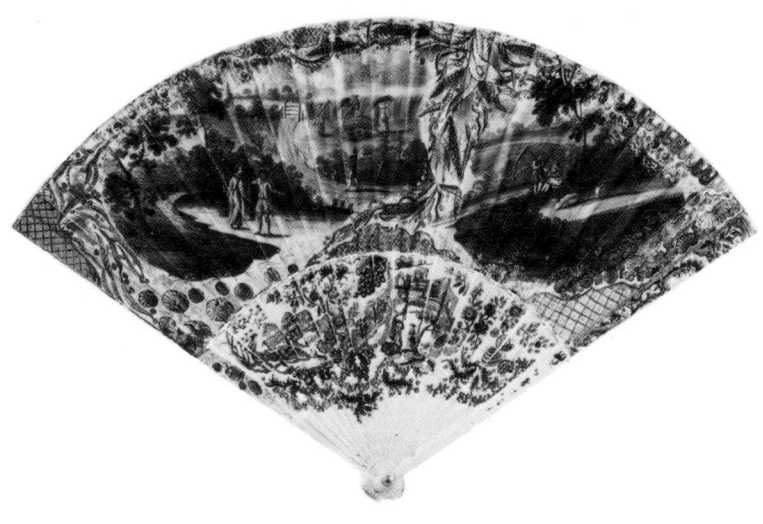

22 *Fächer, das Blatt bemalt mit Ernteszenen und mit Flitter verziert; Elfenbeinstäbe bemalt und* cloûté *mit Perlmutter. Flämisch, ca. 1750, 25½ cm.*

23 *Fächer, das Blatt bemalt mit ›L'Enseigne de Gersaint‹, nach Watteau; Rückseite mit Verliebten in einer Landschaft; Elfenbeinstäbe geschnitzt, durchbrochen, bemalt, vergoldet und mit Flitter hinterlegt. Französisch, ca. 1730, 29 cm (M. Gersaints Ladenschild ist jetzt im Schloß Charlottenburg, Berlin).*

24 Fächer, das Papierblatt bemalt von Thomas Robins mit eleganter Gesellschaft, Ralph Allens Steinbruch bei Prior Park besuchend, mit Elfenbeinstäben. Englisch, ca. 1735, 28 cm.

25 Englischer topographischer Fächer, bemalt mit Figuren vor dem Cliveden Haus, Taplow, Bucks; Elfenbeinstäbe geschnitzt und bemalt. Mitte 18. Jahrhundert, 25 cm.

26 Schöner Fächer, das Blatt bemalt mit Schäfer und Schäferin, mit Elfenbeinstäben. Mitte 18. Jahrhundert, 26 cm.

Exemplar eines topographischen Fächers bietet eine farbenfrohe Ansicht des Marktes von Covent Garden (CSK, Baldwin-Sammlung, 4. Mai 1978, Los 78, £680). Die Zeichnung ist ziemlich primitiv, aber das ist bei vielen englischen Fächern die Regel. Ein weiteres interessantes Exemplar (Christie's, 3. Mai 1972, Los 91, 180 Gns., siehe Abbildung 25) zeigt die Ansicht von Cliveden, wahrscheinlich von Goupy, und in Wilton House bei Salisbury befindet sich ein Fächer, auf den eine Ansicht des Hauses von Richard Wilson gemalt ist.

Zur gleichen Zeit wurden in Holland Fächerblätter mit ländlichen Szenen bemalt, oft sehr schön gezeichnet, vorwiegend in zartem Grün und Blau (Christie's, 24. November 1969, Los 111, 70 Gns., siehe Abbildung 26). Diese Fächer waren ziemlich klein, haben aber später um 1760 mehr Spannweite (CSK, Baldwin-Sammlung, 4. Mai 1978, Los 19, £240). In Venedig behielt man große Fächer bei, à grand vol, z. B. Christie's, 16. Mai 1973, Los 44, 180 Gns., siehe Abbildung 28). Während der sechziger Jahre nehmen Gestalt und Dessin der Fächer neue Formen an. Aus dieser Periode sind weit mehr Fächer erhalten, und sie zeigen jetzt gewöhnlich eine große und zwei klei-

33

34

nere Vignetten (CSK, Baldwin-Sammlung, 4. Mai 1978, Los 106, £220, siehe Farbtafel 27). Die schönsten französischen Fächer sind vorzüglich gezeichnet und im allgemeinen in dunkleren Farben gemalt als die anderer europäischer Länder. Die billigeren französischen Fächer sind meistens mit plumpen, dicken Figuren, die runde, rötliche Gesichter haben, bemalt.

Typische französische Fächerthemen waren zierliche Gruppen von Verliebten, Opferfeiern für Hymen (zur Erinnerung an Hochzeiten), Familien und Schäferinnen. Ein schönes Exemplar zur Erinnerung an die Hochzeit des Dauphin mit Marie Antoinette im Jahre 1770 wurde bei CSK verkauft, 13. Juli 1978 (Los 146, £360). Diesen Fächer kann man zurückverfolgen bis zu einer frühen Auktion bei Hôtel Drouot, Paris, 13. April 1897 (Los 1 als Eigentum der Madame X).

In Holland wird ein ähnliches Arrangement von drei Vignetten verwandt, aber mit viel mehr freiem Raum im Hintergrund. Eine Reihe von Fächern erschien zum Andenken an Zoutman, den holländischen Kommandanten an der Dogger Bank im Jahre 1781. Die meisten holländischen Fächer zeigen jedoch biblische und ländliche Szenen. Fächer fanden in Kirchen Verwen-

29 *Fächer, das Blatt bemalt mit einem Hochzeitstanz, Perlmutterstäbe durchbrochen und vergoldet. Französisch, ca. 1760 (CSK, 11. Juni 1974, Los 19, 240 Gns.).*

27 *Fächer, das Blatt bemalt mit Verliebten auf dem Lande, Rückseite mit Figuren in einer Landschaft; Perlmutterstäbe geschnitzt, durchbrochen und vergoldet. Französisch, ca. 1750, 28 cm.*

28 *Fächer, das Blatt bemalt mit Göttern auf dem Olymp, Rückseite mit Jakob am Brunnen; Perlmutterstäbe geschnitzt, durchbrochen und vergoldet. Anglo-Venezianisch, ca. 1760, 28 cm.*

31 Fächer, das Blatt bemalt mit einer Hirtenszene, mit durchbrochenen Elfenbeinstäben. Holländisch, ca. 1760, mit chinesischen Stäben, wahrscheinlich aus England eingeführt (Sammlung des Hon. C. A. Lennox-Boyd; CSK, 18. Juli 1973, Los 234).

32 Fächer, das Blatt bemalt mit König David, die Bundeslade anführend; mit Chinoiserie durchbrochene und geschnitzte Elfenbeinstäbe. Blatt italienisch, Stäbe englisch, ca. 1740, 29 cm (in zeitgenössischem Fächerbehälter mit Inschrift Hodgson, Cheapside; CSK, 23. Oktober 1979, Los 6, £160).

30 Hochzeitsfächer, das Blatt bemalt mit der Ankunft einer Prinzessin zur Hochzeit mit einem französischen Prinzen, Rückseite mit Herrenhaus; Elfenbeinstäbe geschnitzt, durchbrochen, vergoldet, mit Perlmutter hinterlegt und mit Porträts des Brautpaares bemalt. Französisch, ca. 1760, Rückseite 19. Jahrhundert, ca. 30 cm (CSK, 23. Oktober 1979, Los 155, £820).

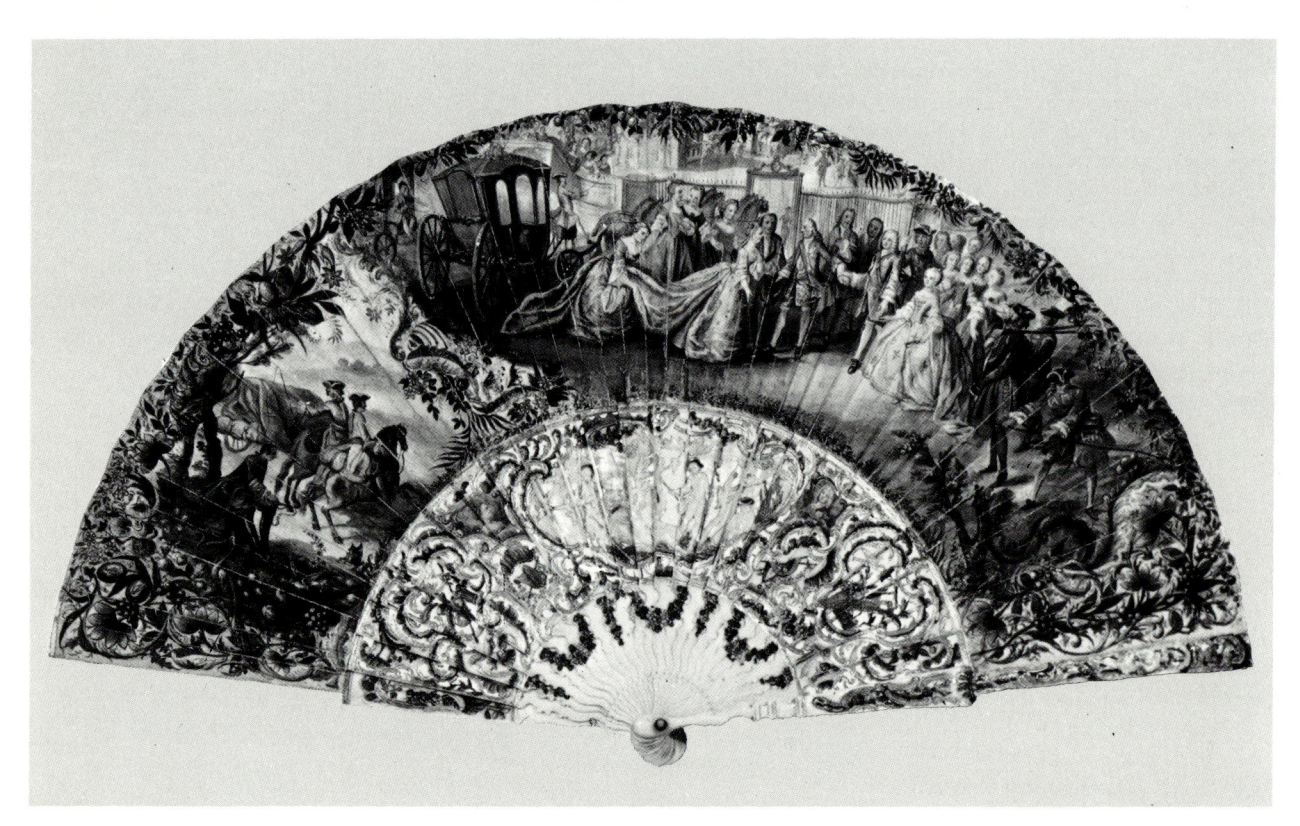

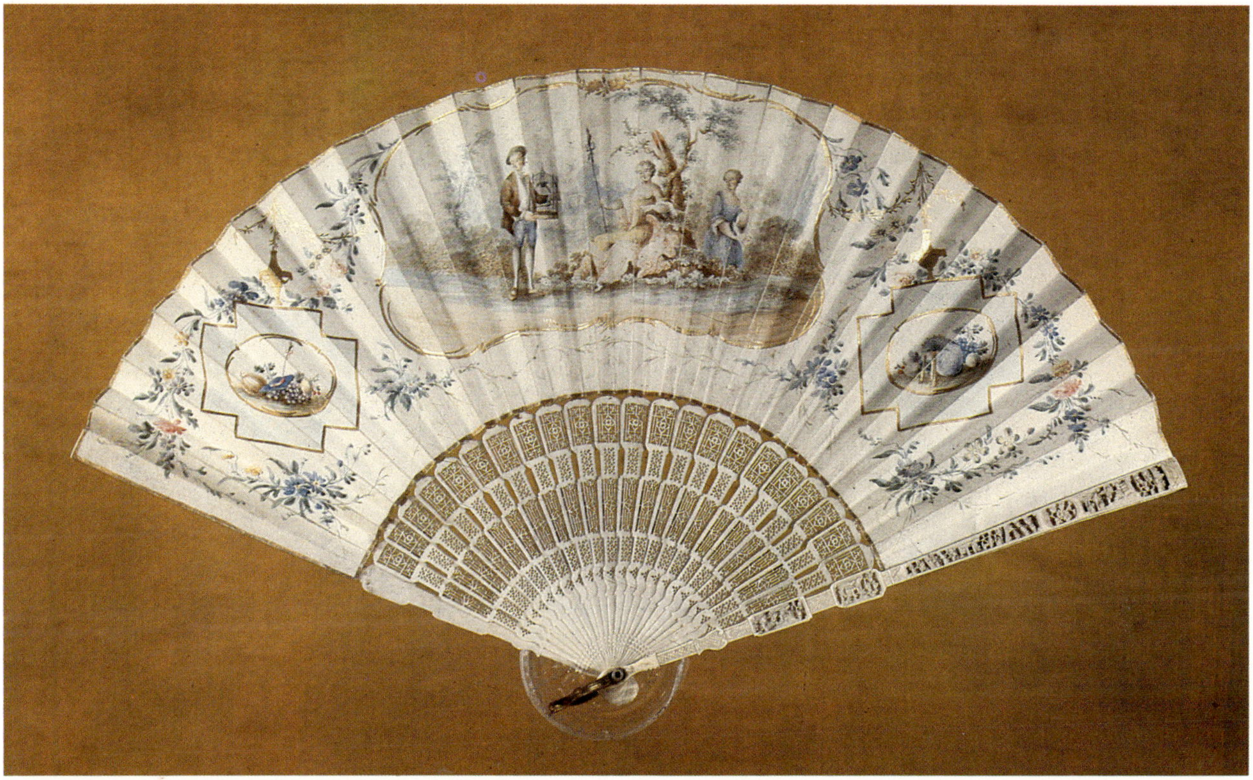

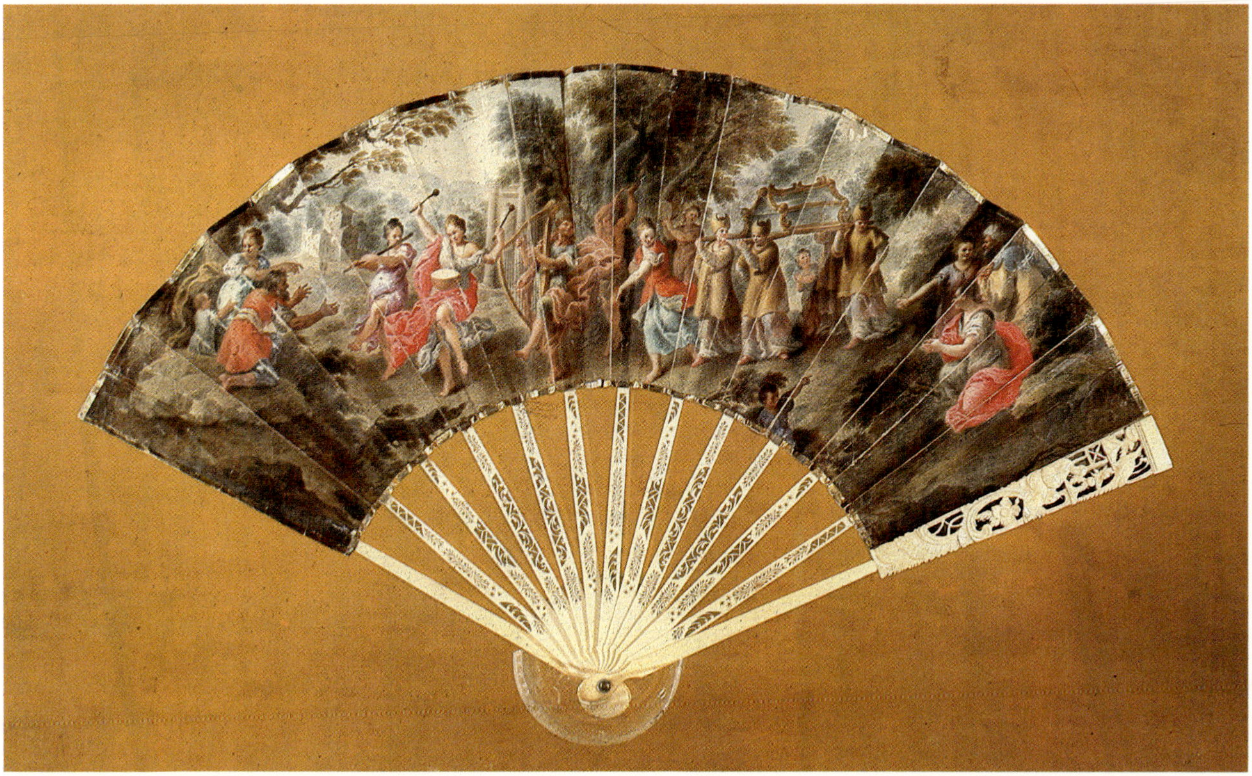

33 Fächer, das Blatt bemalt mit trompe-l'œil von Karten, Aquarellen und Broschüren, signiert »Ich Georg Hertel, excud. Aug. V.«; Elfenbeinstäbe geschnitzt, durchbrochen, bemalt und vergoldet. Augsburg, ca. 1760, 28 cm.

34 Fächer, bemalt mit der Ansicht eines Hafens, Rückseite mit Ansicht des Vesuv. Italienisch, ca. 1740, 28 cm.

dung, wo angesehene Frauen hinter ihren Fächern beteten, während die Männer dazu die Hüte benutzten. Die biblischen Fächer boten hauptsächlich alttestamentarische Szenen, da bildliche Darstellungen des Neuen Testaments von den Kalvinisten als ketzerisch angesehen wurden. Zu Beginn des 19. Jahrhunderts war es nicht mehr üblich, Fächer in die Kirche mitzunehmen. Frau Dr. van Eeghen sagt in ihrem Artikel in *The Bridge* (Nr. 8, 1966), daß junge Frauen alle Arten von Fächern mit in die Kirche nahmen, obwohl nicht bekannt ist, ob sie soweit gingen wie Engländerinnen einer früheren Generation, die zum Entsetzen des ›*Lady's Magazine*‹ (März 1776) »nackte Amoretten und nackte Frauen« auf Fächer gemalt mit in die Kirche brachten.

Eine Vorliebe für *trompe-l'œil*-Fächer taucht in den sechziger Jahren auf. Sie sind mit einer Fülle von Zeichnungen, Bildern, Spielkarten, Juwelen und Spitzen bemalt, die auf Marmortischen oder seidenen Tischtüchern liegen, und sind oft datiert und signiert, manchmal von Italienern und Deutschen, wobei die Signaturen meist in der Malerei verborgen sind. Ein Exemplar befindet sich im Castle Museum in York. Für ein deutsches Exemplar siehe CSK, Baldwin-Sammlung, 4. Mai

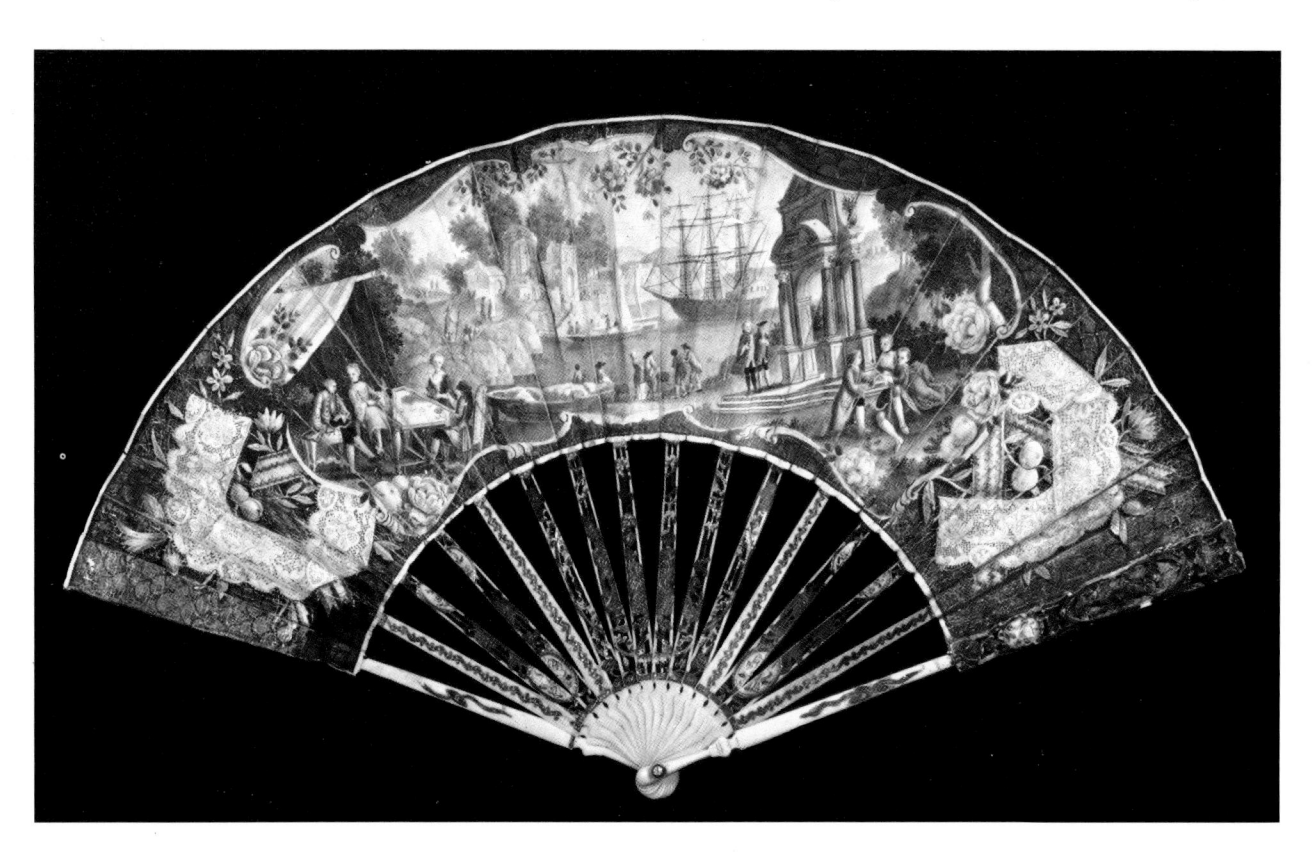

1978, Los 92, £760, siehe Abbildung 33 und CSK, 17. Mai 1979, Los 19, für ein holländisches Exemplar. Manche scheinen dem Stil nach englisch. Eine Anzahl von hübscheren Exemplaren mit vielen Spitzen findet man in der Madrider Ausstellung von 1920; sie waren wahrscheinlich französischen oder italienischen Ursprungs und zum Export nach Spanien bestimmt. Späte Beispiele dieses Genres sind Assignatenfächer, mit Blättern bemalt, oder bedruckt mit einer Auswahl von Schuldverschreibungen, wie sie in Frankreich während der Revolution üblich waren. Einige *trompe-l'œil*-Fächer waren sicherlich englisch. Man kann annehmen, daß der *trompe-l'œil*-Stil nur für die Ränder benutzt wurde (Christie's, 24. November 1969, Los 106, 85 Gns., siehe Abbildung 34).

35 Fächer aus Kükenhautblatt, Vignette mit der Zeichnung eines Gärtners, der einer Jägerin einen Korb mit Blumen überreicht, auf gemaltem *trompe-l'œil*-Grund mit Band und Spitze; Rückseite mit gedrucktem *trompe-l'œil*. Vielleicht flämisch, ca. 1770, ca. 29 cm (CSK, 23. Oktober 1979, Los 69, £340).

36 Fächer, das Seidenblatt bemalt mit exotischer Chinoiserie im Stil von J. B. Pillement, verziert mit Pailletten und Flitter; Schildpattstäbe geschnitzt, durchbrochen, versilbert und vergoldet. Französisch, ca. 1770, 28 cm.

37 Fächerblatt aus Kükenhaut, bemalt mit Frauen und Putten beim Bad, Neptun und Amor in pompejanischer Umrandung; Inschrift ›Chez Camillo Buti, Rome‹. Spätes 18. Jahrhundert, 43 cm.

Klassizismus

In Italien waren von 1770 bis zur Jahrhundertwende die meisten Fächer mit Ansichten antiker Ruinen bemalt und die Ränder mit pompejanischen Dekorationen verziert. Es gab auch dramatische Ansichten vom Ausbruch des Vesuvs und von der Bucht von Neapel. Sie weisen oft Inschriften auf, manchmal Signaturen und Daten, häufig ist die Heimatstadt des Künstlers angegeben.

Zu dieser Zeit gab es noch eine Anzahl von klassischen Szenen mit pompejanischen Rändern. Wie es Mrs. Alexander in ihrer kürzlichen Vorlesung so hübsch ausgedrückt hat: »Die Figuren tragen jetzt Faltengewänder und sind der Antike viel näher«, war das ein Resultat all der Ausgrabungen und Funde der Engländer, der *Dilettanti*, und anderer, die auf der *Grand Tour* die Antike studiert haben (Christie's, 19. Februar 1974, Los 33, 170 Gns., siehe Abbildung 37 von Camillo Buti, Rom).

In Frankreich gibt es vom letzten Viertel des 18. Jahrhunderts bis zur Revolution eine Anzahl sehr zierlicher Fächer, oft auf Seide gemalt (z. B. CSK, Sammlung Baldwin, 4. Mai 1978, Los 65,

£400, siehe Abbildung 36, ein exotisches, nicht typisches Exemplar, mit Chinoiserie bemalt). Andere sind bemalt mit Figuren in einem Park oder Garten, nach der letzten Mode gekleidet (CSK, 29. Juli 1976, Los 17, £600), manchmal spielende Schäferinnen, wie sich Marie Antoinette im Petit Trianon vergnügte. (CSK, Baldwin-Sammlung, 4. Mai 1978, Los 26, £330, siehe Abbildung 38). Eine Anzahl von Fächern aus dieser Zeit erinnert an Ballonaufstiege; sie sind sehr gefragt (CSK, Baldwin-Sammlung, 4. Mai 1978,

38 Hochzeitsfächer, das Blatt bemalt mit eleganten Verliebten, die Amor in einem Park diktieren, von drei anderen Paaren umgeben, darunter eine Dame mit Parasol; Elfenbeinstäbe geschnitzt, durchbrochen, versilbert und vergoldet. Ca. 1775, 28 cm.

39 Fächer, das Seidenblatt bemalt mit einem Ballonaufstieg, Umrandung verziert mit Federn, Stroh, Flitter und Pailletten; Elfenbeinstäbe geschnitzt mit Ballonen, durchbrochen und vergoldet. Französisch, ca. 1785, 26½ cm; in lasiertem, vergoldetem Fächerbehälter.

40 Detail eines Fächergriffes, das Kükenhautblatt bemalt mit trompe-l'œil-*Stichen auf blauem Grund; Elfenbeinstäbe durchbrochen und geschnitzt, mit Kantenschnitzerei von Blumen, der Griff zeigt Figuren auf einer Brücke. Ca. 1760, 29 cm.*

Los 119, £820, siehe Abbildung 39). Aber von dieser Zeit bis zur Restauration wurden in Frankreich nicht mehr viele bemalte Fächer hergestellt. Billige bedruckte Fächer waren während der Revolution beliebt. Dann, bald nach der Revolution, um die Jahrhundertwende, war Frankreich führend auf dem Gebiet der fein bedruckten Fächer. Wie wir in Kapitel 2 gesehen haben, waren unter Napoleon kleine seidene Fächer, oft mit Pailletten besetzt, beliebt.

In England wurden die Briséefächer wieder begehrt. Sie waren länger, als sie im 18. Jahrhundert gewesen waren und ebenso schmal, oft mit gedruckten Dekorationen verziert, manchmal aber mit sehr schön bemalten Vignetten (siehe Abbildung 11, möglicherweise von Angelica Kauffmann, R.A.). Es ist wahrscheinlich, daß einige dieser Elfenbein-Briséefächer in Dieppe geschnitzt wurden; vorzügliche Briséefächer wurden zu dieser Zeit von der wiederbelebten Industrie in Dieppe hergestellt, und ein Exemplar wurde Marie Antoinette überreicht.

Nach einer allgemeinen Übersicht über Frankreich, England, Italien und Holland, wo die meisten europäischen Fächer zu dieser Zeit entstanden, müssen wir uns jetzt noch mit Spanien, Portugal, Deutschland, der Schweiz und den nordeuropäischen und skandinavischen Ländern, wie Schweden, befassen.

Alle Fächersammler und Enthusiasten versuchen noch immer, die Fächer nach ihrem Ursprungsland in Gruppen einzuteilen. Dies ist sehr schwierig, da, wie wir bereits gesehen haben, Stäbe und Blätter oft aus verschiedenen Ländern importiert wurden. Was man jedoch tun kann, ist, alte Kataloge von Ausstellungen im 19. und frühen 20. Jahrhundert und Kataloge von Sammlungen zu studieren und herauszufinden, wo die meisten Fächer eines gewissen Typs auftauchen; es ist dann wahrscheinlich, daß sie dort ihren Ursprung nahmen oder für jenes Land bestellt wurden. In Madrid wurde im Jahre 1920 eine prachtvolle Ausstellung mit 491 Ausstellungsgegenständen veranstaltet, die es einem ermöglicht, zu beurteilen, welche Typen von Fächern man in Spanien bevorzugte.

Nr. 133 z. B. ist ein *trompe-l'œil*-Fächer mit zwei ovalen Bildnissen und anderen Bildern zwischen Spielkarten; das As hat die Inschrift ›Real Fabris Madrid 1757‹, aber der Fächer ist nach französischer Art bemalt. Er ist somit wahrscheinlich französisch und war für den spanischen Markt bestimmt. Nr. 146 ist ein bedruckter Kalenderfächer in Spanisch, wahrscheinlich englisch für den spanischen Markt.

Man darf nicht vergessen, daß Spanien damals enge politische Beziehungen sowohl mit Neapel als auch mit dem Vatikan hatte. Ausstellungsgegenstände Nr. 109 und 110 sind zwei Fächerblätter, geliehen von der Spanischen Nationalbibliothek, bemalt mit Ansichten des Triumphplatzes in Neapel, für Don Carlos Bourbons, Infante de España, Rückkehr aus Sizilien. Sie wurden entworfen von Francisco de la Vega (einem Spanier) und ausgeführt von Cayetano Sardi, Rom. Es befinden sich zwei weitere Fächer nach de la Vega in der Sammlung Schreiber: ›Einzug Karls, König beider Sizilien (von den Spaniern Don Carlos Borbón genannt), in Neapel‹ (1734), gemalt von Cayetano Pichini, Rom (S.U. 377), und die ›Heerschau bei Gaeta‹, gemalt von Leonardo Egiarman, Flamenco (dem Flamländer). Sie sind mit Bister und Feder gezeichnet und mit chinesischer Tusche laviert; Verzierungen bestehen aus *fleur-de-lys,* ähnlich gezeichnet auf leicht rot getöntem Grund.

Die Spanier scheinen viele Bildnisse und kunstvolle Stäbe bevorzugt zu haben. Bei Nr. 88 in der

Madrider Ausstellung zeigt das bedruckte Blatt ein Liebespaar und zwei Miniaturen eines Paares, und die Stäbe enden in schön geschnitzten Bildnissen, wahrscheinlich fünf Darstellungen desselben Paares (ca. 1760, aus der Sammlung der Königin Victoria Eugenia von Spanien). Die Stäbe von Nr. 159 sind mit achtzehn Porträtminiaturen besetzt.

Nr. 67 der Ausstellung ist ein ungewöhnlicher Fächer mit geschnitzten und durchbrochenen geschweiften Stäben; das bemalte Blatt, das Alexander den Großen darstellt, hat schwimmfußartig gezackte Ränder. Der Fächer stammt von etwa 1770.

Nr. 75 hat Stäbe mit zwei chinesischen Figuren im Griff (wie der Fächer auf Abbildung 40); die Seiten der Stäbe sind reich geschnitzt wie ein Vorderschnittgemälde in Relief (oder sollte man es Seitenschnittgemälde nennen?).

Nr. 129 ist ähnlich mit Figuren an einem Fenster geschnitzt. Peter Thornton hält diesen Fächertyp für portugiesisch. Er beschreibt einen Fächer im Victoria & Albert Museum mit einer geschnitzten Blumengirlande um die geschlossenen Stäbe. Nr. 34 (ca. 1760) hat sehr reich geschnitzte und durchbrochene Perlmutterstäbe mit bemalten, lackierten Kartuschen (wie der prachtvolle, aber beschädigte Fächer, CSK, 23. Oktober 1979, Los 82, £150).

Topographische Fächer sind immer amüsant. Nr. 117 in der Madrider Ausstellung ist von einem Laienmaler gemalt, ist wahrscheinlich spanisch und zeigt den Markt auf der Plaza de la Cebada, Madrid, die Rückseite die Plaza Mayor (ca. 1760). Der Fächer kam aus der Sammlung des Herzogs von Alba. Die Stäbe waren mit Muscheln und Schmetterlingen bemalt, was beson-

41 Fächer, das Blatt mit handkoloriertem Stich der Plaza Mayor, Madrid, mit einer Prozession; Umrandung bemalt mit Putten und Bannern, mit Inschriften ›Viva Carlos III‹ und ›Viva el Principe y la Princesa‹; Rückseite bemalt mit einem Stierkampf, Schildpattstäbe geschnitzt, durchbrochen und vergoldet. Spanisch, wahrscheinlich ca. 1788, 28 cm.

42 Fächer, das Blatt bemalt mit Blindekuhspiel, von einem Harlekin beobachtet; Elfenbeinstäbe bemalt mit Obst, durchbrochen und vergoldet. 22 1/2 cm (Sammlung des Hon. C. A. Lennox-Boyd; aus dem Rest des Inventars von 22, Kensington Palace Gardens, London W8, verkauft von der Familie der Duquesa de Marchena, 12. Dezember 1977, Los 111).

ders dem spanischen Geschmack zu entsprechen scheint. Nr. 123 zeigt die Plaza Mayor im Jahre 1765 (CSK, Baldwin-Sammlung, 4. Mai 1978, Los 101, £330, siehe Abbildung 41) – eine ähnliche Ansicht, aber eine handkolorierte Radierung. Nr. 100 ist mit einem Stierkampf auf derselben Plaza bemalt (ca. 1760), anscheinend mit einem Architekten im Vordergrund; er ist aus der Sammlung der Infantin Doña Isabel. Spitze taucht oft an *trompe-l'œil*-Fächern auf, siehe Nr. 96 in der Madrider Ausstellung (Sammlung der Königin Christine von Spanien) – ein besonders reizendes Exemplar aus der Mitte des 18. Jahrhunderts mit etlichen Metern von Spitzen, lose über die ganze Länge und Breite des Blattes gebreitet. Ein ähnliches Exemplar wurde bei CSK, 17. Mai 1979, Los 75, £260, verkauft. Bei Nr. 130 tritt das Spitzenthema auch an den Stäben auf, und bei Nr. 192 schlängelt sich die Spitze wie ein Pfad zwischen Lünetten.

Besonders dem spanischen Geschmack scheinen *trompe-l'œil*-Fächer zu entsprechen mit Vignetten von unregelmäßiger Form, oft in Monochrom-Malerei. Nr. 89 ist ein gutes Beispiel – dieser Fächer hat die weit auseinanderstehenden *Battoire*stäbe, die von den Spaniern bevorzugt wurden. Nr. 118 derselben Ausstellung ist ein weiteres Exemplar dieser Art (ca. 1740) – die unregelmäßige Form der Vignetten wird auf den Stäben wiederholt.

Nr. 191 der Madrider Ausstellung ist ein prächtiges Exemplar eines Mica-Chinoiserie-Fächers. Das Blatt ist offenbar Mica mit einer Bambuspalisade, Vögeln und Blumen. Drei europäische Porträtminiaturen hängen in der Mitte über einem Chinoiserie-Paar beim Tee (ca. 1760); dieser Fächer stammte aus der Sammlung der Duquesa de Fernán Núñez. Nr. 158 ist ein reich dekorierter Fächer mit Treppe und Gewölbe in Stroharbeit, in einem Stil, der gewöhnlich mit Frankreich in Verbindung gebracht wird, die Malerei wirkt jedoch sehr spanisch.

Es gibt auch eine Anzahl klassizistischer Fächer, aber viele scheinen italienischen oder englischen Ursprungs zu sein.

Obwohl im 18. Jahrhundert in Spanien offenbar sehr wenig Fächer hergestellt wurden, schätzte man sie auf der Halbinsel doch sehr, und der spanische Adel bestellte damals eine große Anzahl aus Frankreich, England und Italien. Es scheint, daß viele der bedeutenden Fächerbestellungen von sehr präziser Natur waren, da die Fächer aus Spanien im allgemeinen etwas kunstvoller und von auffallenderen Farben sind als die anderer Herkunft. Man kann nur vermuten, daß die Fächermacher eine bestimmte Anzahl von Fächern im Hinblick auf den spanischen Markt herstellten. Erst wenn weitere Forschungen angestellt worden sind, kann man mit größerer Entschiedenheit in dieser Hinsicht sprechen. Jedenfalls muß das hohe Ansehen, in dem die Fächer in Spanien standen, zu der sorgfältigen Aufbewahrung solch schöner Exemplare geführt haben.

Unter spanischen Fächern versteht man meiner Ansicht nach auch alle französischen, englischen und italienischen Fächer, die für den spanischen Markt bestimmt waren. Je mehr man sich in Nachschlagewerke wie die Kataloge der Madrider Ausstellung vertieft, um so besser kann man die spanische Eigenart an den Fächern des 18. Jahrhunderts ermessen. Der spanische Geschmack ist sehr reich detailliert; die Nachfrage scheint aber fast ausschließlich durch Importe gedeckt worden zu sein, mit Ausnahme topographischer Fächer. Einige Fächer, mit hellen Erdfarben und Purpur bemalt, sind möglicherweise deutscher Herkunft (CSK, Baldwin-Sammlung, 4. Mai 1978, Los 86, £840, siehe Abbildung 43), sie besitzen oft reich dekorierte Stäbe. Einzelne Tüllfächer (ca. 1760) mit aufgelegten gemalten Vignetten sind auch vermutlich deutsch, weiter ist es möglich, daß die Fächer mit feiner Stroharbeit deutsch sind (Christie's, 27. Februar 1972,

43 Fächer, das Blatt bemalt mit vornehmer Gesellschaft beim Tee, Rückseite mit Blumenstrauß; Elfenbeinstäbe geschnitzt und durchbrochen. Deutsch, wahrscheinlich Nürnberg, ca. 1735, 28 cm.

44 *Fächer, das Blatt bemalt mit ›musique champêtre‹ nach Watteau; Elfenbeinstäbe bemalt mit Muscheln. Wahrscheinlich süddeutsch, ca. 1730 (CSK, 17. Mai 1979, Los 65, £140).*

Los 171, 220 Gns., siehe Abbildung 9), ebenso vielleicht Fächer mit gegliederten Stäben, sofern sie nicht französisch sind. Andererseits nimmt Annaliese Ohm in ihrer Abhandlung von 1972 an, daß es im 18. Jahrhundert in Deutschland keine Fächerindustrie gegeben habe.

Nr. 47 in der Karlsruher Ausstellung ist ein Fächerblatt mit einem Aquarell ›Winter‹ von Johan Holzer (1708–40). Es gehört zu einem Satz von vier Blättern, und ein weiterer Satz von vier Fächerblättern dieses Künstlers ist bekannt. Die deutschen Fächermaler mögen Hausmaler gewesen sein, die auch das Porzellan der fürstlichen Manufakturen bemalten. Ein Fächer des Meißener Malers J. C. Hahnemann ist abgebildet in R. Haehls Biographie von Samuel Hahnemann (Leipzig 1822). Der jüngere Hahnemann war ein berühmter Arzt, der Vater der Homöopathie. In der Ausstellung ›Fans from the East‹ (Tafel 32) war ein merkwürdiger Fächer aus einem österreichischen Museum zu sehen, mit einem Chinoiseriemotiv, das an echte Porzellanfiguren und an Pillement erinnert und etwa aus dem Jahre 1760 stammt.

Die einzigen Fächer, die uns bisher aus der Schweiz bekannt sind, sind eine reizende Gruppe von Johannes Sulzer, ›au Rossignol à Winterthur‹ (1748–94). Sie tragen zumeist seine Signatur, und er bemerkt auch, daß er sie sowohl gemalt wie montiert habe; demnach muß es sich um eine kleine Manufaktur gehandelt haben. In der Karlsruher Ausstellung (Nr. 61) waren drei davon zu sehen. Sie sind zart bemalt mit kleinen ländlichen Vignetten und mit Gucklöchern verziert in Form von Gegenständen wie z. B. Vogelkäfigen. Drei wurden bei Christie's (27. Mai 1970, Los 251, 140 Gns., siehe Abbildung 45) verkauft. Christie's verkaufte auch einen ähnlichen Fächer in der Auktion vom 12. März 1973 (Los 91, 38 Gns., keine Signatur). Es existieren noch 12 weitere in Schweizer Museen (siehe *The Fan Circle* bulletin Nr. 11). Christie's verkaufte auch eine interessante Reihe von Schweizer Entwürfen für Fächer (18. Juli 1973, Los 225, £18) – maskierte Figuren bei einem Musikabend, manche mit der Inschrift ›de Flummeren. . . St. Gallens. . .orn. . .1775‹ (im Januar 1980 verkaufte

45 Einer von zwei Fächern, bemalt mit Szenen aus dem ländlichen Leben und verziert mit Käfigen aus Strohgeflecht, mit Elfenbeinstäben. Von Johannes Sulzer, Schweiz, ca. 1780, 28 cm.

CSK weitere Fächer mit Schweizer Ansichten). In Schweden begründete die Kronprinzessin Louisa Ulrike im Jahre 1744 den Orden des Fächers. Britta Hammar hat mit Gewißheit festgestellt, daß im 18. Jahrhundert in Schweden Fächer hergestellt wurden: Die Fächermacher registrierten ihre Warenzeichen bei der Lokalbehörde, und diese führt eine Anzahl von schwedischen Fächermachern aus den 1770er Jahren auf. Das Kulturen Museum besitzt einen Fächer mit dem Stempel 1765 und kann ihn mit einem der vier Fächermacher in Verbindung bringen, die im selben Jahr Fächer hergestellt hatten. Offenbar kann der Fächer den Vergleich mit den einfacheren importierten Gegenständen aushalten. Fräulein Hammar verzeichnet eine interessante vergleichende Beobachtung:

»Carl Tersmeden schreibt in seinen Memoiren, daß er zwei prächtige Fächer auf der Hedemora-Messe für seine Schwestern für je 15 Platar gekauft hat. In demselben Jahr mietete er zwei prächtig möblierte Zimmer und ein Dachgeschoß in einem Haus nahe dem Schloß in der alten Stadt Gamla Stan für 12 Platar pro Monat.«

Wer waren die Fächermaler? Vor den letzten Jahrzehnten des 19. Jahrhunderts signierten sie fast nie ihre Arbeiten. Manche waren natürlich hervorragend und werden schließlich identifiziert werden. Die Briséemaler waren oft gut ausgebildete Miniaturisten, aber die Papier- und Seidenmaler waren nicht ausgebildet, und wenn sie gleichzeitig als dekorative Maler wirkten, so nur deshalb, weil dieses Gewerbe wie das der Fächermacher anonym war. Manche Künstler, wie der des beschädigten Fächers, CSK, 23. Oktober 1979, sind auffallend individuell. Ein englischer oder englisch-italienischer Maler der siebziger Jahre, der sich merkwürdig geformter Vignetten bediente und der uns von zwei Fächern her bekannt ist (einer ist abgebildet auf der Farbtafel 46), kann beinahe identifiziert werden, da zwei ähnlich geformte Zeichnungen von ihm noch vorhanden sind, mit Inschriften, Daten und Signaturen; die letzteren sind leider tückischerweise einfach abgeschnitten. Der Maler des Fächers, der von CSK, Sammlung Baldwin, am 4. Mai 1978 (Los 89, £280) verkauft wurde, konzipierte sein Blatt auf andere Art und war wahrscheinlich der Maler des Fächers, der von CSK am 17. Mai 1979 (Los 56) verkauft wurde.

Von einigen italienischen Malern sind uns die Namen bekannt, da sie ihre Fächer oder Entwürfe signierten. Leider wissen wir nicht sehr viel mehr. Wenn Aufzeichnungen existieren, so höchstens kurze Bemerkungen, in Pacolis *Vita di' Pittori* von 1730 oder in ähnlichen Werken. Mindestens zwei römische Firmen, ›Camill' Butin‹ von 1800 (Christie's, 21. November 1972, Los 200) und Leonardo Germo, signierten ihre Arbeit wie auch Sulzer von Winterthur. Eine kleine Reihe von Fächerblättern ist erhalten, von denen eines ›Pietro Fabris‹ signiert ist. Vier Fächer chinesischer Art, die angeblich von Fr. Castiglione am Hof von Quianlong in Peking gemalt worden sind, wurden 1938 in New York ausgestellt. Kein französischer Fächermaler signierte seine Arbeit, wenn auch viele Fächer mit ›Boucher‹ und ›Watteau‹ signiert sind. Watteau zeichnete zwar einen Pierrot auf das Blatt eines Papierfächers, machte jedoch keine Gewohnheit daraus. Zwei oder drei andere solche Zeichnungen sind wahrscheinlich erhalten. (Siehe E. Croft-Murray, ›Watteaus Entwurf für ein Fächerblatt‹, *Apollo,* März 1974.)

In England und in den Niederlanden weiß man etwas mehr über Fächermaler. Thomas Robins der Ältere malte mindestens zwei Fächer; er war Blumenmaler und Gartenarchitekt, und in seinen Skizzenbüchern, die noch im Besitz seiner Familie sind, befindet sich der Entwurf eines Fächers. Von einem anderen Maler, Joseph Goupy (1711–1763), heißt es, daß er Fächerblätter hergestellt haben soll, aber solange nicht ein Entwurf oder ein dokumentierter Fächer auftaucht, ist man in der Beurteilung seiner Arbeit auf Mutmaßung angewiesen. Er wurde zum Kabinettmaler Fredericks, des Prinzen von Wales, ernannt und hat höchstwahrscheinlich den Fächer von Cliveden (siehe Abbildung 25), wo sein Gönner lebte, gemalt. Ein dritter englischer Fächermaler war Antonio Poggi, ein Korse, dessen Gönner offenbar Reynolds war. Er veröffentlichte nach Kauffmann bedruckte Fächer von Bartolozzi und organisierte eine Ausstellung von Fächerentwürfen bei Christie's im Jahre 1782. Einer dieser Entwürfe, Angelica Kauffmanns ›Drei Grazien‹, erschien dort wieder im Jahre 1971 (9. November, Los 96, £1,050, siehe Abbildung 47). Er ist vielfach kopiert worden, da er die Grundlage für einen von Bartolozzis Stichen war. Während der letzten Jahre des 18. Jahrhunderts waren Fächermacher anonym. Viele haben sich wohl noch auf andere Weise künstlerisch betätigt. Nur ein Maler weist in der Art seiner Komposition eine gewisse Ähnlichkeit mit zeitgenössischen Illustrationen auf, und nur eine kleine Anzahl anderer

46 Fächer, das Papierblatt mit klassischer Vignette von eigenartiger Form, umrandet von Straußenfedern, Zweigen und Blumengirlanden; Elfenbeinstäbe durchbrochen, Deckstäbe mit rosa Flitter hinterlegt. Ca. 1770, 28½ cm (CSK, 17. Juli 1972, Los 135, £35).

47 Fächerentwurf von Angelica Kauffmann, R.A., ›Die Drei Grazien‹.

Fächer ist in ähnlicher Weise gezeichnet. Die Rückseite vieler Fächer zeigt reizende, leichte Pinselarbeit wie auf Delfter und Lowestofter Keramik derselben Zeit. Francis Simbert, ein Schüler von Kneller, der in Boston, Mass., sein Gewerbe ausübte, führte gewöhnlich Fächer in großen Mengen ein; diese waren wahrscheinlich unkoloriert, und er oder ein Malerkollege haben dann das gewünschte Motiv ausgeführt. Dilettanten treten zahlreich in Erscheinung: Der Maler des Fächers Los 137, CSK, 17. Mai 1979, war wahrscheinlich ein Amateur, der um 1770 in Cambridge, wo eine Karikaturistenschule entstanden war, zeichnen gelernt hatte.

Was holländische Fächer betrifft, so hat Dr. van Eeghen die Entwürfe von Frl. Johanna Alethea Oosterdijk (1736–1813), der Tochter eines Professors in Utrecht, katalogisiert. Unter den wenigen holländischen Fächermalern, die ihre Arbeit signierten, ist ein bedeutender klassischer Maler, Frans Xavery, der im Jahre 1768 starb, der Letzte dieser Linie. Er signierte zwei vorzügliche Fächer in Dr. van Eeghens Sammlung; einer, der das Bildnis der Königin von Saba zeigt, trägt die Inschrift: ›inv:et‹ – das bedeutet, daß Xavery den

Fächer entworfen hat. Der andere mit dem Altar der Liebe hat die Inschrift: ›fecit‹ auf einem Holzblock und das Datum 1762 – das heißt, daß er ihn gemalt, aber nicht entworfen hat.

Ein anderer holländischer Fächermaler, der seine Arbeiten signierte, war Johannes Van Dregt (1737–1807). Von dem berühmten Aquarellmaler Dirk Langendijk (1748–1805) ist ein Fächer bekannt, der eine Bestellung nach einem Stich für die Feier der Silbernen Hochzeit eines Freundes in Rotterdam war. Ein holländischer Dilettant, Lt. d'Art (Leutnant der Artillerie) van Barenburg, Mitglied einer Soldatenfamilie, signierte seine trompe-l'œil-Fächer; offenbar hat er Zeichnen in Zusammenhang mit seiner Ausbildung als Artillerist gelernt. Abgesehen von diesen wenigen blieben holländische Maler anonym.

Berufsmäßige Fächermaler arbeiteten entweder in den Werkstätten der Fächermacher in den Städten oder zu Hause; es ist anzunehmen, daß die wertvollere Arbeit in den Werkstätten geleistet wurde, oft von mehr als einem Maler. In Holland, wie Dr. van Eeghen gezeigt hat, besaß jede Werkstatt ihre eigene Handelsmarke, z. B. zwei Teile eines grünen Zaunes oder ein Gittertor und einen einzelnen grünen Zaun wahrscheinlich Amsterdam. Das Warenzeichen war in dem Entwurf der Vignette auf der Rückseite des Fächers eingearbeitet. Die anderen Maler waren wahrscheinlich gewöhnliche, unausgebildete Tagelöhner, fahrende Kupferstecher, Porzellanmaler, Kutschenmaler und einheimische Zeichenlehrer, von denen wir sowieso keinerlei Kenntnis besitzen. Es mag verlockend sein, gewisse Exemplare hervorragenden einheimischen Dekorationsmalern zuzuschreiben, aber der Fächerhandel war weit verbreitet. Es ist zum Beispiel durchaus möglich, daß Beilby, der Glasmaler von Newcastle, für seine Familie Fächer gemalt hat, aber sie können auch an Verwandte anderswo weitergegeben worden und so in der weiten Welt verschwunden sein. Der Meißener Maler J. C. Hahnemann malte einen Fächer für seine Schwiegertochter. Es war jedoch der Ruhm seines Sohnes Samuel als Arzt, durch den dieser Name ein Begriff blieb.

In anderen europäischen Ländern wurden Fächer kaum signiert. Der in Schweden gebürtige dänische Hofmaler Carl Gustaf Pilo (1711–1793) signierte einen im Jahre 1740, und ein flämischer Amateur, C. de Stirum, dessen Familie heutzutage noch wohlbekannt ist, hat 1792 einen reizenden Fächer signiert.

Haben im 18. Jahrhundert berühmte Künstler Fächer für ihre Gönner gemalt? Es ist unwahrscheinlich, da die bedeutendsten Künstler ihre Ateliers hatten, und irgendein Gehilfe kann gemalt haben; ein geringerer Künstler wäre zu sehr auf seine Stellung bedacht gewesen, als es zu tun: Er hätte einen Fächer für einen Kollegen gleichen Ranges, nicht aber für einen höhergestellten malen können, und falls sein Patron gleichrangig war, hätte er keinen Fächer gemalt. Aber bisher weiß man nicht genug, um diese Idee völlig zu verwerfen, und schließlich waren nicht alle berühmten Künstler ihr ganzes Leben lang reich und berühmt.

Gleichwohl können Künstler, die in Aquarell und Deckfarben Meister waren, für ihre Verwandten Fächer gemacht und im Alter den Pinsel zur Fächermalerei benutzt haben. Richard Wilson, der unbemittelte, doch größte Landschaftsmaler des 18. Jahrhunderts, hat, wie uns bekannt ist, einen Stangenschirm wenn nicht gemalt, so doch entworfen.

Aber nicht nur die Blätter und Fächer ›reisten‹, sondern auch die Maler. Die flämischen Fächermaler mit ihrem individuellen Kolorit von gedämpftem Purpur und Detailzeichnungen arbeiteten wahrscheinlich in Frankreich und England. Eine Gruppe von Italienern, hauptsächlich Venetianern oder Künstlern unter venezianischem Einfluß, wirkte in London in der zweiten Hälfte des Jahrhunderts. Zu ihrer Ausbildung gehörte ›Komposition‹, etwas, was die englischen Maler nicht beherrschten, ja gar nicht zu beherrschen brauchten, da es vor 1750 sehr wenig dekorative Malerei gab. Ihre Meister waren G. B. Cipriani und Angelica Kauffmann, sie hatten viele Anhänger, und manche Blätter, besonders für den Touristenhandel, mögen wohl auch in Italien gemalt worden sein.

48 Fächer, das Blatt handkolorierter Stich einer Szene an der Quelle der Liebe; ein Liebhaber überreicht seiner Dame einen Blumenstrauß, einer anderen wird gerade ein Ständchen dargebracht, während ein Hund ihr einen Brief übergibt; auf der Rückseite der Text eines Liedes ›Die Quelle der Liebe‹, an hölzernen Stäben. Französisch, ca. 1780, 27 1/2 cm.

49 Maskenfächer, das Blatt handkolorierter Stich eines Gesichtes mit zwei Vignetten aus dem spanischen Leben, eine Fächerhandlung und eine Musikalienhandlung; Elfenbeinstäbe bemalt mit Blumen. Englisch für den spanischen Markt, ca. 1740, 26 1/2 cm.

4 Gedruckte Fächer

Etwa um 1720 hielten es die Fächermacher trotz ihres enormen Erfolges für nötig, ihren Handel auszudehnen und billigere Fächer in größeren Mengen herzustellen, um die ständig zunehmende Nachfrage zu befriedigen. Zu diesem Zweck begannen sie die Blätter zu drucken – so konnten sie ihre Entwürfe vervielfältigen, ihre Erzeugnisse preiswert auf Märkten in Ständen und Buden verkaufen und die billigen chinesischen Fächer, die den Markt überschwemmten, unterbieten (das Dilemma hieraus ist im Kapitel Chinoiserie in dem Buch *Fans from the East* sehr gut erklärt). Bedruckte Fächer waren gebräuchlich, um an Ereignisse wie Ballonaufstiege zu erinnern. Man konnte sie als Andenken nach Hause mitnehmen, und sie fanden offenbar reißenden Absatz. Da sie damals billig und nicht von bleibendem Wert waren, hob man sie oft nicht auf – im Gegensatz zu Fächern von höchster Qualität, die aus wertvollem Material hergestellt waren, sind ihre Gestelle oft nur aus einfachem Holz gefertigt. Da diese bedruckten Fächer heute selten sind, kann ihr Marktpreis oft mit dem anderer bedeutender Fächer konkurrieren. Während zum Beispiel der seltene Mica-Fächer von etwa 1700, Los 100 in der Sammlung Baldwin bei CSK (siehe Abbildung 14) £2,600 kostete, brachte der seltene bedruckte Maskenfächer von ca. 1740, Los 18, in derselben Auktion am 4. Mai 1978 £2,100 ein (siehe Abbildung 49). Wie wir später sehen werden, gibt es noch andere Exemplare dieses reizenden Fächers, ferner eine Aquarellvariante im Metropolitan Museum of Art in New York. Die gemalte Variante weist geringe Abweichungen auf; es werden zum Beispiel auch weniger gemalte als gedruckte Maskeradenfächer zum Verkauf angeboten, und die beiden unteren Szenen auf dem Fächer sind umgestellt. Die Fächerdrucker profitierten von dem 1734 erlassenen Urheberrechtsgesetz, das sich nicht nur für sie, sondern später auch für Fächersammler und Historiker als sehr hilfreich erwies – so wie das Stempeln für den Silbersammler von unschätzbarem Wert ist. Englische bedruckte Fächer nach 1734 tragen mitunter den Namen des Verlegers, öfters auch seine Adresse und das Datum der Ausgabe. Da diese Informationen gewöhnlich am unteren Ende des Blattes standen, sind sie leider beim Montieren oft ganz oder teilweise abgeschnitten worden, aber solange noch ein Exemplar mit Verlagsangaben vorhanden ist, können alle Fächer von dieser Platte datiert werden. Natürlich waren Verleger nicht gesetzlich verpflichtet, ihre Entwürfe mit Urheberstempeln zu versehen. Das wäre ein weiterer Grund, warum Verlegernamen auf gedruckten Fächern nicht erscheinen. Eine amüsante Tatsache ist, daß Daten und Initialen manchmal mitten im Entwurf versteckt sind, wie es gelegentlich bei bemalten Fächern der Fall ist, besonders bei *trompe-l'œil*-Fächern.

Die wichtigste und umfassendste Sammlung gedruckter Fächer ist von Lady Charlotte Schreiber gesammelt und von ihr im Jahre 1891 dem Britischen Museum vermacht worden. Es ist eine ganz außergewöhnliche Sammlung von ungefähr 734 Fächern, sowohl montiert wie auch unmontiert, wovon nur etwa 100 bemalt sind. Die Mehrzahl der gedruckten Fächer ist englisch – fast 300, etwas mehr als 200 sind französisch, die übrigen sind etwa folgendermaßen verteilt: 23 deutsche, 18 italienische, 17 spanische, 3 holländische, 1 japanischer, 1 amerikanischer. Da Lady Charlotte englischer Herkunft war, liegt es nahe, daß sie vorwiegend englische Fächer sammelte, aber sie war weit gereist, und ihre Sammlung gab wahrscheinlich guten Aufschluß über die Herkunft gedruckter Fächer. Im 18. Jahrhundert scheint England den Markt beherrscht und namhafte Mengen von Fächern exportiert zu haben, manchmal mit entsprechenden Übersetzungen. Im Jahre 1760 ersucht Madame de Pompadour ihren Bruder, ihr zu Geschenkzwecken englische Fächer zu verschaffen – diese sind nicht so zierlich, aber billiger als anderwärts erhältliche (siehe Nancy Mitfird, *Madame de Pompadour*).

Zweifellos sind in den letzten zwölf Jahren Fächer auf den Markt gekommen, die in der Sammlung Schreiber nicht zu finden sind, und es gibt zwei oder drei ausgezeichnete Privatsammlungen von gedruckten Fächern, aber selten sind mehr als zwei oder drei Exemplare von jedem Fächer im letzten Jahrzehnt bei Auktionen aufgetaucht. Das dürfte als Beweis dafür dienen, daß gedruckte Fächer relativ selten sind, abgesehen vielleicht von lithographischen Fächern aus der Mitte des 19. Jahrhunderts. Wie dem auch sei, ein Sammler hat kürzlich eine bedeutsame Entdeckung gemacht. Er kaufte von einem Kupferstichhändler ein Bündel unmontierter Fächerblätter, das aus Propagandafächern aus dem Englisch-Napoleonischen Krieg in Spanien und aus Theaterentwürfen bestand; eine verhältnismäßig große Anzahl davon sind Entwürfe in Lady Charlottes Sammlung, und der Sammler nimmt mit Sicherheit an, daß er eine ihrer Quellen entdeckt hat.

Radierungen

Die Mehrzahl der englischen und europäischen bedruckten Fächer des 18. Jahrhunderts sind Radierungen – das einfachste Vervielfältigungsverfahren der Periode –, oft später handkoloriert. Bei der Radierung wird das Bild auf der Metallplatte dadurch erzeugt, daß Säure das Metall dort wegätzt, wo der Wachsüberzug mit der Radiernadel weggekratzt wurde. Es ist das billigste und kommerziellste Verfahren, der Künstler bearbeitet die Kupferplatte direkt. Die Wirkung ist der einer Tuschzeichnung oder der feiner Pinselstriche einer chinesischen Malerei nicht unähnlich, und manchmal bedarf es mehr als eines guten Vergrößerungsglases, um den Unterschied zu entdecken.

Englische bedruckte Fächer des 18. Jahrhunderts behandeln eine große Anzahl von Themen. In seinem Katalog von Lady Charlotte Schreibers Sammlung unterscheidet Lionel Cust neun Unterabteilungen: Porträts, Geschichte, der Englisch-Napoleonische Krieg in Spanien, Antike und Bibel, Phantasie, Landleben, Literatur, Malerei, außerdem Theater, Belehrendes und Amüsantes. Die Titel zeigen deutlich, wie weit der Kreis von Themen gezogen war.

Bedruckte Fächer tragen oft Titel auf der Vorderseite. So zum Beispiel: ›A new Game of Piquet now in play among Different Nations in Europe‹ (eine neue Art von Pikettspiel, wie es zur Zeit bei verschiedenen europäischen Völkern gespielt wird; S.M. 1, U.M.). Ein anderes Exemplar dieses Fächers in Französisch wurde bei CSK in der Baldwin-Sammlung (Los 21, £490, siehe Abbildung 50) verkauft. Die zehn weiblichen Figuren, die Frankreich, Spanien, Sardinien, Österreich, Sachsen, Rußland, Polen, Britannien, Holland und Preußen darstellen, sitzen um einen Tisch herum und alle, mit Ausnahme von dreien, nehmen an einem Pikettspiel teil, während Papst Innozenz XI. ablehnt, obwohl sein Stuhl bereitsteht; rechts steht ein Kommentator, und ganz rechts außen sind der türkische Sultan und der Schah von Persien. Dieser Fächer spielt auf die Intrigen der europäischen Diplomatie bei den Auseinandersetzungen um die Thronfolge in Polen an. Madeleine Ginsburg vom Victoria & Albert Museum gibt an, daß ein unmontiertes Blatt im *Cabinet des Estampes, Bibliothèque Nationale* von anderer Hand datiert ist: ›October 4th, 1733‹, als die Franzosen vor der Teilung Polens in den Polnischen Thronfolgekrieg eintraten. Etwa zehn Exemplare dieses Fächers sind uns bekannt.

Ein anderer historischer Fächer aus der Sammlung Schreiber stellt das Krönungsbankett Georgs II. am 11. Oktober 1727 (S.M. 2, S.U.) dar, wie der Kämpe von England die Gäste herausfordert. Sir Robert Strange, ein Anhänger Jakobs II., gravierte einen Fächer (S.M. 3) zur Erinnerung an die Jakobitische Rebellion im Jahre 1745 mit Prinz Charles Edward Stuart in voller Rüstung, von Cameron von Lochiel als Mars und Flora Macdonald als Bellona begleitet; wie viele klassische Szenen, so ist auch diese reich an Allegorien. Am 14. Juli 1969 verkaufte Christie's eine noch provozierendere Darstellung eines anderen Ereignisses der Rebellion (Sammlung Bompas, Los 74, 32 Gns.). Ein anderer Fächer, ›View of the Trial of Warren Hastings, Esq., at Westminster Hall, published by Cock & Co, 36 Snow Hill, Sept. 22 1788‹ (Ansicht der Gerichtsverhandlung des Herrn Warren Hastings in Westminster Hall, verlegt bei Cock & Co, 36 Snow Hill, 22. September 1788; S.M. 7 und S.U. 31), war offenbar sehr begehrt, da die Verhandlung lange Zeit andauerte. Er war für Touristen von solchem Interesse, daß eine Übersetzung für Ausländer erschien (siehe Sammlung Bompas, 14. Juli 1969, Los 77, 28 Gns., wo eine spanische Übersetzung über den englischen Text geklebt war), die in dem Prozeß mehr eine Anklage gegen einen bestechlichen Staatsbeamten sahen als eine von einer Bande einfältiger und fanatischer Whig-Liberaler veranstaltete Hexenjagd. Es gibt auch einen ›Luftschiffahrtsfächer‹ mit Charles' und Roberts Ballon und Biaginis Luftballon und einem Unfall, wenngleich die meisten noch erhaltenen ›Luftschiffahrtsfächer‹ französischer Herkunft sind.

Ein anderer Fächer zeigt die provisorischen Bauten im Green Park für das großartige Feuerwerk

50 Gedruckter Fächer, ›Jeu de Piquet des Différentes Nations de l'Europe‹, handkolorierter Stich, mit durchbrochenen Elfenbeinstäben, 27 cm.

51 *Gedruckter Fächer, das Blatt handkolorierter Stich von Gyles King, zeigt eine Allegorie der Hochzeit der Prinzessin Anna mit dem Prinzen von Oranien (1734), mit Braut und Bräutigam, Hymen, Engeln und Putten in einer Landschaft, im Hintergrund Gebäude und Schiffe; durchbrochene Elfenbeinstäbe, herzförmiger Griff. Ca. 1734, 27 cm, Stäbe beschädigt.*

am 27. April 1749 anläßlich der Feier des Friedens von Aachen (S.M. 4). Unglücklicherweise wurde der Fächer am 7. Oktober 1748 herausgebracht und zeigte somit nicht den dramatischen Höhepunkt, als das Feuerwerksgerüst vorzeitig in Flammen aufging und der Oberingenieur von dem Deutschen, der die Vorstellung geplant hatte, mit dem Spazierstock durchgeprügelt wurde. Da die Regierung Georgs III. sich über den größten Teil jenes Zeitabschnitts erstreckt, gibt es natürlich eine Anzahl von Fächern, die auf ihn anspielen und die für den Export nach Hannover und in andere mit Großbritannien damals verbündete Länder geeignet waren. Dazu gehören ›Vive le Roy‹, gestochen von Simpkins und veröffentlicht von T. T. Balster, 19. März 1789 (S.M. 9); ein anderes Exemplar wurde bei Christie's (Sammlung Bompas, 14. Juli 1969, Los 72, 15 Gns.) verkauft; außerdem ›The Royal Family at the Exhibition of the Royal Academy‹ (Die königliche Familie in der Kgl. Akademieausstellung; S.U. 34), verlegt bei Antonio Poggi, 6. März 1789. Es ist interessant, daß dieses Fächerblatt, gestochen von P. Martini nach H. Ramberg, von Martinis Originalplatte abgezogen und der Abdruck auf Fächergröße reduziert ist. Poggi, ein Gönner Reynolds, verkaufte eine Sammlung von 100 seiner Entwürfe bei Christie's am 29. März 1783. Er überredete sogar den großen Bartolozzi, Fächer für ihn zu stechen. Andere patriotische Fächer stellen Georg III. und Königin Charlotte (S.M. 9) dar.

Unter den frühesten englischen Fächern von zeitgenössischem Interesse ist eine Satire auf das verhaßte Steuergesetz (1733) von Sir Robert Walpole, die Walpole daran erinnert, daß ein ähnliches Gesetz zum Sturz von Cardinal Wolsey beitrug. Walpole ließ es sich gesagt sein und nahm den Gesetzentwurf zurück. Darauf folgte ›The Motion‹ (Gesetzesantrag), gestochen von H. Franks und publiziert am 6. Februar 1741 (S.U. 22 und 23).

Die Heirat der Prinzessin Anna, der Tochter Georgs II., mit Prinz Wilhelm von Oranien am 14. März 1734 löste eine Flut von Fächern für den englischen und holländischen Markt aus, viele in hohem Maß allegorisch, mit zahlreichen Orangenbäumen verziert (S.U. 24, 25, 26, 27, 28 und S.M. 325). Christie's verkaufte eine weitere Variante (28. Juli 1971, Los 32, 38 Gns., siehe Abbildung 51), gestochen von Gyles King; sie zeigt das Brautpaar, von Hymen, Engeln und Putten begleitet, und im Vordergrund den Vers: ›The Gods in Consult does Agree... Orange triumphant is again‹ (Die Götter im Rat sind einig... Orange triumphiert wieder). Der geschlossene Elfenbeingriff formt ein Herz. Laut Madeleine Ginsburg sind Anzeigen von Gamble & Pinchbeck für königliche Hochzeitsfächer verschiedener Art schon im Jahre 1733 erschienen.

Militärische Themen erinnern unter anderem an die Triumphe Friedrichs des Großen, so auf dem Fächer ›Veni, Vidi, Vici‹, einem englischen Exportfächer, wahrscheinlich um 1761 hergestellt, da er eine Allegorie seiner Triumphe im Siebenjährigen Krieg zeigt (CSK, Baldwin-Sammlung, 4. Mai 1978, Los 36, £240). Weitere Beispiele sind ›Die Einnahme von Portobello‹, bei F. Chassereau verlegt, 22. April 1740 (S.U. 29); ›Der Angriff auf Cartagena‹, von Admiral Vernon (S.U. 30); ›Nelson and Victory‹, 1798 (S.M 15) – letzterer führt auch ›18 New Country Dances for 1799‹ (18 neue Volkstänze für 1799) an und wurde von ›Führenden Galanteriewarenhändlern in London‹ verkauft.

Unter den Porträts finden sich königliche Porträts, ein Fächer mit einem Porträt von Sir Thomas White, dem Gründer von St. John's College in Oxford, unter Verwendung des *Oxford Almanack* für 1733 (S.U. 19 und S.E. 4) und der ›Camperdown Fan, or the Glorious 11th October 1797‹ (der Camperdown-Fächer oder der glorreiche 11. Oktober 1797, veröffentlicht 10. März 1798 bei Reben, 42 Pall Mall, Christie's, 27. Mai 1970, Los 199, 22 Gns.).

Biblische Themen auf gedruckten Fächern stammen hauptsächlich aus der Mitte des 18. Jahrhunderts und sind deshalb Radierungen. Ihre Zahl ist verhältnismäßig gering, da diese Themen anscheinend dem kostspieligeren Markt der bemalten Fächer vorbehalten war. Unter ihnen befinden sich ›Moses Striking the Rock‹ (Moses schlägt den Felsen), Verleger M. Gamble, 1740, (S.M. 20); ›The Birth of Esau and Jacob‹ (Die Geburt von Esau und Jakob; S.M. 19 und S.E. 126); ›St. Paul Preaching at Athens‹ (Der hl. Paulus predigt in Athen; S.M. 21). Sie wurden in der Regel als Kirchen-Fächer verwendet.

Es gibt auch eine kleine Gruppe von klassischen Fächern, z. B. Telemach und Mentors Landung auf der Insel Calypso (S.M. 25); Diana und Nymphen (S.M. 22); eine größere Gruppe, vornehmlich in Punktiermanier, gehört dem Ende des 18. Jahrhunderts an.

Die bedruckten Gesellschaftsfächer sind oft besonders amüsant. Darunter ist ›Mr. Thomas Os-

52 ›Loterie de l'Amour‹, handkolorierter Stich von Couturbier; hölzerne Stäbe mit Elfenbein-Zifferblatt am Deckstab. Französisch, ca. 1775 (Sammlung des Hon. C. A. Lennox-Boyd).

bourne's Duck-Hunting‹ (Herr Thomas Osbournes Entenjagd) (S.M. 40, S.E. 123 und 124, 1754). Osbourne war ein Verleger und Buchhändler. Am 10. September 1754 veranstaltete er in seinem neuen Besitztum in Hampstead ein Einzugsfrühstück mit Tanz und Musikkapelle im großen Zelt und eine Entenjagd für die Herren. Der ›New Opera Fan for 1797‹ (Neuer Opernfächer für 1797) ist ein Sitzplan des Theaters mit den Namen der Logeninhaber, verlegt bei W. Cock (S.M. 62 und S.E. 142). Der ›King's Theatre Fan‹ (Theaterfächer des Königs, 1788) zeigt den Prinzen von Wales und Mrs. Fitzherbert in der Loge 63 (S.M. 43 und S.E. 128). Es gibt auch Fächer mit Anweisungen, wie gewisse Spiele gespielt und die neuesten Tänze getanzt werden, wie z.B. der Casino-Fächer (S.M. 49 und S.E. 130, 1793), verlegt bei Sarah Ashton, und die Tanzfächer für 1792, 1793 und 1794 (S.M. 48, 50 und 51 und S.E. 131, 134) von verschiedenen Verlegern. Der ›Royal Connection Fan‹ enthält die Regeln für ›Connection‹, ein Kartenspiel, das von I. Kgl. H. Prinzessin Elisabeth und ihrer Tante, der Herzogin von York, erfunden worden war; er wurde verlegt bei Seckars, Scott und Grosky in Friday St.

Dann gibt es noch verschiedene Touristen- und Andenkenfächer für Modeorte: Ranelagh (S.U. 105 und S.E. 51); die Trinkhalle in Bath (S.U. 106 und S.E. 46), verlegt bei G. Speren 1737; der *Crescent* (halbmondförmige Häuserreihe) in Buxton (S.U. 108 und S.E. 67); bei Christie's (30. Juli 1974, Los 175, 70 Gns.) fand sich der Margate-Fächer oder Führer für die *Isle of Thanet* (Insel Thanet) mit einer Landkarte von Thanet und einem Adreßbuch, verlegt bei W. Else (1805). Der New-Camp-Fächer von 1794 (S.M. 52 und S.E. 135, ein weiteres Exemplar befindet sich im Worthing Museum) zeigt Pläne von Lagern, in denen Truppenmanöver stattfinden, und rühmt sich, ›in allen Fächerläden in London‹ erhältlich zu sein. Andere Fächer zeigen den ›Telegraph, kürzlich über dem Admiralitätsgebäude errichtet‹

(Christie's, 14. Juli 1969, Los 75, 25 Gns.; ein weiteres Exemplar, CSK, 17. Mai 1979, Los 106).

Weitere Fächer dienten allein der Unterhaltung, wie z.B. die verschiedenen Scharadefächer, darunter der ›New Pick-Nick Charade Fan for the year 1803‹ (S.M. 68 und S.E. 158), der ›New Moralist or Way to Wealth‹ (Der neue Moralist oder der Weg zum Reichtum, Christie's, 14. Juli 1969, Los 69, 40 Gns.), ›The Wheel of Fortune‹ (Das Rad der Fortuna), gestochen von J. Fleetwood, 48 Fetter Lane, in gemischter Punktiermanier und Radierung (S.M. 65 und S.E. 155) und Christie's, 16. Mai 1973, Los 20 (mit einem anderen Fächer), 22 Gns.; ›The Oracle‹ (das Orakel, S.M. 65 und S.E. 150, 151), verlegt bei Ino. Cock, I. P. Crowder & Co., 21 Wood Street, Cheapside (1800), war ein Horoskopfächer. Eine Variante in Französisch mit pfeilförmigem Elfenbeinzeiger ist in der Sammlung Messel; eine andere französische Variante mit dem Vers auf Seide gedruckt und mit gemalten Putten und vergoldeten Elfenbeinstäben wurde zusammen mit einem gestochenen Blatt mit Anweisungen verkauft (CSK, Baldwin-Sammlung, 4. Mai 1978, Los 81, £480). Sowohl ›Fanology, or the Ladies Conversation Fan‹ (Fächerkunde oder der Damen-Konversationsfächer, S.M. 63 und S.E. 147, 148), ein Entwurf von Charles Francis Badini, verlegt bei Robert Clarke, 26 Strand, im Jahre 1797, als auch ›Ladies' Bill of Fare‹ (Speisekarte für Damen, S.U. 114 und S.E. 77) waren Stiche in Mischtechnik in Linien- und Punktiermanier; der letztere mit humoristischen Medaillons von Männern als verschiedene Typen von Liebhabern, verlegt bei G. Wilson, 14. Februar 1795, 108 St. Martin's Lane, vermutlich als Liebesbotschaft zum Valentinstag; die gleiche Mischtechnik weist auch ›A selection of Beaux‹ (Eine Auswahl von Stutzern, S.U. 113 und S.E. 76, 1795) auf.

Dann gibt es eine Gruppe von mehr nützlichen, belehrenden Fächern: Eine Preisliste für Lohn-

53 Die Kunst der Wahrsagung, handkolorierter Stich mit sechsunddreißig Sprüchen, verlegt bei Dyde & Scribe, Pall Mall, mit hölzernen Stäben. Englisch, ca. 1780, 28 cm (nicht in der Sammlung Schreiber; CSK, 17. Mai 1979, Los 138, £150).

kutschen (Christie's, 14. Juli 1969, Los 76, 32 Gns.); einen botanischen Fächer (CSK, 17. Mai 1979, Los 107, S.U. 195 und S.E. 69, 70); eine Geschichte Englands seit der Eroberung durch die Normannen (S.M. 72 und S.E. 132, 133), verlegt bei J. Cock und J.P. Crowder (1793) und gestochen von S.J. Neele, 352 Strand; das Castle Museum in York besitzt auch ein Exemplar dieses Fächers, und es gibt einen ähnlichen Fächer mit der Geschichte von Frankreich (S.M. 73). Besonders nützlich ist der heraldische Fächer (S.U. 198) mit einer Reihe von heraldischen Symbolen mit ihren Bezeichnungen, von F. Martin (1792) verlegt, gestochen von Ovenden und verkauft von Wm. Cook, Fächermacher der Herzogin von York, 50 Pall Mall und 55 St. Paul's Church Yard.

Es gibt so viele englische ländliche und Chinoiserie-Fächer-Radierungen, daß nur zwei erwähnt werden können: Christie's, 24. Februar 1971, Los 10, ist ein Parasolfächer, das Blatt mit handkolorierter Radierung von Szenen aus dem Landleben, mit Holzgriff, 30 cm Durchmesser (ca. 1750), und ein Fächer mit Radierung – eine musikalische Soiree mit vier gedruckten Liedern, auf der Rückseite mit einem *trompe-l'œil* von Stichen und Spitze, mit Sandelholzstäben, gestochen von J. Preston (1781). (Christie's, 3. Mai 1972, Los 80, 28 Gns.) Viele andere sind in den letzten Jahren verkauft worden. Vierundzwanzig werden im Schreiber-Katalog aufgeführt, und eine Anzahl wurde in der Ausstellung *Fans from the East* gezeigt. Sie sind meist recht hübsch, aber unbedeutend.

Diese Fächer stellen den Hauptteil der allgemeinen englischen bedruckten Fächer dar. Der Gesamtentwurf war auf Bemalung abgestellt, und alle Einzelheiten mit Ausnahme der Wolken waren leicht radiert. Da es sich nicht um billige Gebrauchsartikel handelt, sind keine großen Bestände erhalten. Die Fächer blieben viele Jahre lang im Druck und fanden Absatz. Diese Fächer werden gewöhnlich den Jahren zwischen 1740 und 1750 zugeschrieben, und Stil und technische Details der undatierten Exemplare bestätigen dies. Man kann jedoch die Fächer selber nicht so genau datieren, denn ein farbiges Fächerblatt aus der Sammlung Schreiber trägt am Rand die Inschrift ›Mr. M. Muster 1812‹ – wahrscheinlich das Datum, als Mr. M., wer immer er war, einen neuen Vorrat seiner billigsten Fächer bestellte. Man muß dann die Farbe der Malerei oder die Form der Stäbe datieren.

Eine andere große Anzahl von Fächern zeigt kleine Gruppen von Figuren, manchmal recht theatralisch, die Umrisse radiert; manchmal sind sie nach seltsam geformten Kupferplatten gedruckt. Gelegentlich findet man unterschiedliche Exemplare von der gleichen Kupferplatte, doch hat man eine oder mehrere Figuren entfernt. Es ist nicht bekannt, ob diese Kupferplatten für einen anderen Zweck hergestellt, dann zugeschnitten und Hintergrunddetails entfernt wurden, oder ob einfach Reststücke von Kupferplatten verwendet wurden. Die Figuren sind meistens koloriert, und sehr oft sind zwei Gebäude auf jede Seite gemalt, z.B. ein Schloß oder eine Abtei – gewöhnlich Kirkstall. So sparte der Kupferstichhändler die Auslage für einen Figurenmaler. Die schlechte Qualität der Malerei sollte den Sammler nicht von diesen radierten Fächern abschrecken, wenn sie auch oft geschmacklos koloriert sind. Viele Trauerfächer wurden auf diese Weise hergestellt, wahrscheinlich, um bei Beerdigungen an Damen verteilt zu werden.

S.U. 201 ist ein Entwurf für einen Fächer aus dem *Hibernia Magazine*. Das war eine gefaltete Einlage, ähnlich den Entwürfen für Stickereien, die man im *Ladies' Magazine* von 1763 an findet.

Eine Anzahl von gestochenen französischen Fächern ist erhalten, wie die sechs Entwürfe für Fächer und eine Titelblatt-Annonce von Nicholas Loire (1624–79) (S.U. 257–263, S.F. 1) mit biblischen und klassischen Themen: Isaak und Rebekka, die Auffindung des Moses, Venus, Das Urteil des Paris, Europa und eine orientalische Göttin. Es gibt auch einige von Abraham Bosse (1602–76); Marc Rosenberg bringt in seinem Vorwort zum Katalog der Karlsruher Ausstellung im Jahre 1891 ein Fächerblatt von Bosse 1638, aus der Sammlung G.J. Rosenberg von Karlsruhe. Zu späteren französischen radierten Fächern gehört ein Paar von Handschirmen aus der Mitte des 18. Jahrhunderts mit handkolorierten Radierungen der Schlösser Versailles und Marly, verlegt bei Lattre, Rue de St. Jacques, Bordeaux, und mit zwei anderen Fächern bei Christie's, 5. November 1974, verkauft (Los 36, 45 Gns., siehe Abbildung 54). Dr. van Eeghen besitzt ein Paar, das die Geschichte von Jeannot illustriert, verlegt bei Md. Petit, Rue du Petit Pont Notre Dame. Es gibt einige Fächer mit Schmähschriften auf ›Malbrouk‹, den Herzog von Marlborough (S.M. 199–201 und S.U. 38); auch CSK, 23. Oktober 1979, Los 30, £130, siehe Farbtafel 55. Andere stellen dar: ›Alzianne ou le

54 Einer von zwei Handschirmen mit handkolorierten Stichen der Schlösser Versailles und Marly, verlegt bei Lattre, Rue de St. Jacques, Bordeaux (Sammlung des Hon. C. A. Lennox-Boyd).

55 ›Malbrouk‹, das Blatt mit drei handkolorierten gestochenen Vignetten, mit Abschied, Grab und Witwe des Herzogs von Marlborough; Rückseite mit Text und Melodie von ›La Mort de M. d'Malbrouk‹; hölzerne Stäbe. Französisch, ca. 1775, 28 cm.

Pouvoir de l'Amour‹ (ca. 1770) (Christie's, 24. Februar 1971, Los 18); ›Le Triomphe de l'Amour‹ (S.M. 152, und Christie's, 27. Mai 1970, Los 249, 7 Gns.); Heloise und Abelard (CSK, 15. Juli 1975, Los 169). Ende des 18. Jahrhunderts wurde eine beträchtliche Anzahl von historischen und politischen Fächern hergestellt, eine Folge der unruhigen Zeiten: ein satirischer, England und Amerika (1778) (S.M. 80 und S.F. 11); ›Die Geburt des Dauphin‹ (1781) (S.M. 82 und S.F. 14); ›L'Assemblée des Notables‹ (1787) (S.M. 84 und S.F. 27); ›Louis XVI. und Necker‹, (S.M. 87 und S.F. 35); ›Les Etats Généraux‹ (1789) (S.M. 88 und S.F. 40); ›Der Sturm auf die Bastille‹ (1789) (S.M. 93, S.F. 41 und etliche andere Darstellungen); Assignaten (S.M. 116 und S.F. 74; eine bunte Mischung von Assignaten); Kostüme der Revolution (S.M. 128 und S.F. 71 und 72; fünfzehn Figuren in der Amtskleidung der Revolutionsregierung); eine Allegorie von Bonaparte und dem Frieden von Amiens (CSK, Baldwin-Sammlung, 4. Mai 1978, Los 46, £170). Die Farben von französischen bedruckten Fächern sind oft herber und die Fächer dieser Periode oft primitiver als die englischen zeitgenössischen Exemplare. Es gibt auch einige ›Luftschiffahrtsfächer‹, die den Ballonaufstieg von Charles und Roberts (1783) zum Thema haben (S.M. 138 und S.F. 20), außerdem Cabrioletfächer und solche mit Szenen aus Theaterstücken.

Es gibt einige italienische Fächer-Radierungen, davon sieben in der Sammlung Schreiber (S.U. 275, etc.), hauptsächlich klassisch, bei Appo Pagni e Bardi in der Via Maggiore in Florenz verlegt, von denen zwei von Conte Carlo Lasinio 1796 gestochen wurden, einer (Amor und Psyche) von einem Bartolozzifächerblatt kopiert wurde (S.U. 74), oder ein fast identisches Poggifächerblatt (S.U. 75), beide am 14. August 1795 herausgebracht. Cust nimmt in seinem Katalog an, daß es von Bartolozzi, dem Florentiner, kopiert wurde, aber C. A. Lennox-Boyd hat darauf hingewiesen, daß Poggi nach Florenz ging, um Bilderhändler zu werden. Daher haben wir englische und italienische Fächer, die nahezu identisch sind. Sie weichen voneinander nur in den geringsten Details ab – hier ein Amor, dort eine Karyatide. Zwischen den drei Fächerblättern in der Sammlung Schreiber besteht nur ein geringer Größenunterschied, der florentinische Fächer ist etwas kleiner.

Gelegentlich findet man Reiseansichten, wie Christie's, 12. März 1973, Los 76, mit einem Ölpapierblatt einer handkolorierten Ansicht von St. Peter in Rom und mit Elfenbeinstäben (24 cm, frühes 19. Jahrhundert).

Es gibt drei frühe italienische Fächerentwürfe in der Sammlung Schreiber. ›Battaglia del Re Tessi e del Re Tinta‹ (S.U. 269 und S.F. 106) ist ein Stich eines Handschirmes mit der Darstellung eines Turniers zwischen den Gilden der Weber und Färber am Arno (1619), signiert ›Chez N. Bonnart, Jacomo Callot‹, eine Kopie einer Radierung von Jacques Callot (1592–1635) aus dem frühen 18. Jahrhundert (S.U. 27).

Ein anderer Fächer (S.U. 270 und S.F. 108) ist eine französische Kopie von Nicolas Cochin nach einem Stich von Stefano de la Bella (1610–64) mit ländlichen Tänzern. Der früheste Fächerentwurf in der Sammlung Schreiber (S.U. 272) ist der für einen Handschirm mit Federn, mit verschiedenen Entwürfen für Schmuckmedaillons von Agostino Carracci (1557–1602). Diana De Grazia nimmt an, daß es sich um eine Titelvignette handelt, da der Handgriff fehlt. In ihrem Buch *Prints and Related Drawings by the Carracci Family* (Washington 1979) datiert sie das Exemplar auf das Jahr 1595.

Spanische gestochene Fächer gibt es noch weniger, doch findet sich darunter eine Ansicht der Plaza Mayor in Madrid etwa im Jahre 1788 (siehe Abbildung 41).

56 »Grammaire Française à l'usage des Rentiers«, handkolorierter Stich mit hölzernen Stäben. Möglicherweise englisch für den französischen Markt, ca. 1785, 25 cm (Sammlung des Hon. C. A. Lennox-Boyd).

57 Fächer, das Blatt mit Stich in Punktiermanier, handkoloriert und mit Perlmutter verziert, mit durchbrochenen Elfenbeinstäben. Englisch, ca. 1790 (Sammlung des Hon. C. A. Lennox-Boyd).

58 Fächer, das Papierblatt mit Stich in Punktiermanier, handkoloriert, mit Blindekuhspiel; Umrandung bemalt mit Girlanden und Pfauenfedern, Rückseite mit Blumen bemalt; Elfenbeinstäbe geschnitzt und durchbrochen. Englisch, ca. 1790, 25 cm.

Mit zwei Ausnahmen sind alle deutschen Fächer in der Sammlung Schreiber gestochen. Ein Exemplar eines deutschen gestochenen Fächers (S.M. 234 und S.F. 133) wurde in der Sammlung Baldwin verkauft (CSK, 4. Mai 1978, Los 62, £180). Es stellt Friedrich II. im Elysium dar, auf Seide gedruckt. Die drei sogenannten holländischen Fächer in der Sammlung Schreiber sind Stiche mit Schäferszenen und englischer Herkunft; doch eine kleine Anzahl gestanzter Fächer einschließlich eines Ballonfächers in Dr. van Eeghens Sammlung und ein Doggerbank-Fächer in der Sammlung Schreiber sind vermutlich holländischer Herkunft.

Es ist natürlich gar nicht so einfach, das Ursprungsland gestochener Fächer festzustellen, selbst wenn sie Aufschriften tragen. Ein Fächerblatt aus dem frühen 19. Jahrhundert (S.U. 237) ist nach zwei englischen Zeichnungen kopiert oder, mit größerer Wahrscheinlichkeit, nach zwei Drucken, die William Williams von diesen Zeichnungen herstellte: ›Vor der Hochzeit‹ und ›Nach der Hochzeit‹. Das Fächerblatt ist vermutlich französisch, doch die Aufschrift ist sowohl spanisch als auch französisch. Ein Paar Fächerblätter (S.U. 303, S.F. 129 und S.U. 304) sind französische Fächer für den spanischen Markt, jedes Blatt mit 32 Blumen, ihren Namen auf Lateinisch und Französisch und mit der Anschrift des Verlegers in Paris: ›fabrica de Abanicos de Fdo. Custelier y Compia‹. Ein anderes Problem bietet der Fächer ›Grammaire Française à l'usage des Rentiers‹ (siehe Farbtafel 56); obwohl es sich hier um einen französischen ›satirischen Fächer‹ handelt, trägt der Rentner englische Kleider, und der Stich sieht ausgesprochen englisch aus. Man kann sich auch nicht auf das Datum der Platte als Richtlinie für das Datum des Fächers verlassen. Der Fächermacher Duvelleroy hatte einen Vorrat von Platten des frühen 19. Jahrhunderts für seine Kunden zur Auswahl, wenn sie alte Motive verlangten. Dr. van Eeghen besitzt einen Fächer von 1905 mit einem Stich aus dem Jahre 1845.

Aquatinta

Gegen Ende des 18. Jahrhunderts kommt in der Radierkunst ein neues Tönungsverfahren auf: Aquatinta. Dies ist ein Ätzverfahren, bei dem auf die Kupferplatte gleichmäßig Kolophoniumstaub aufgetragen und durch Erhitzen körnig angeschmolzen wird, so daß die Säure die Kupferplatte nur punktförmig angreift. Nur wenige Fächer in dieser Manier sind erhalten, da das Verfahren sich als zu mühsam und kompliziert erwies. Beispiele dafür sind eine Ansicht der Bartholomäusmesse vom Jahr 1721, verlegt bei J. F. Setchel, 23 King Street, ca. 1780; Covent Garden (S.U. 104, S.E. 45 und Christie's, 12. März 1973, Los 94, 65 Gns.); ferner sechs Fächerblätter vom Spanischen Krieg der Engländer gegen Napoleon in der Sammlung Schreiber – darunter befinden sich Bildnisse Ferdinands VII. und des Herzogs von Wellington. Die Mehrzahl ist ins Spanische übersetzt, zu Propagandazwecken für die Ausfuhr bestimmt, aber eine Anzahl scheint in England unbenutzt zurückgeblieben zu sein, wie oben in diesem Kapitel vermerkt. ›Der Altar der Liebe‹, im Jahre 1808 bei I. Reed, 133 Pall Mall, verlegt, ist auch ein Aquatintastich, ebenso der Rätselfächer (1799) (Christie's, 14. Juli 1969, Los 71, 32 Gns.). Obwohl die Franzosen Aquatinta für ihre besten Farbstiche verwendeten, benutzten sie dieses Verfahren selten für Fächer. In der Sammlung Schreiber befinden sich drei Fächer mit Gestell aus der Revolutionszeit und ein Blatt ohne Gestell aus der Zeit Napoleons. Auch ein österreichischer Aquatintafächer aus der Zeit des Kaisers Franz II. (S.U. 292 und S.F. 134) ist erhalten.

65

59 Fächer, das Blatt handkolorierter Stich einer Szene aus einer Romanze in Maskenkostümen der Tudorzeit, Rückseite mit ähnlicher Szene; Perlmutterstäbe mit Vignetten bemalt und vergoldet, Deckstäbe aus vergoldetem Metall, mit Blumen ziseliert. In doppelseitig lasiertem vergoldetem Holzrahmen. Französisch, ca. 1815 (CSK, 17. Juli 1979, Los 141, £160).

Stiche in Punktiermanier

Die Punktiermanier war eine Verbesserung der Kupferstichtechnik des späten 18. Jahrhunderts, eine Methode, die gebrochene Linien aus kleinen Punkten erzeugt und dazu ein Werkzeug, Roulette genannt, benutzt. Dieses Verfahren war unter Bartolozzi große Mode.

Fächer dieser Art gehören mit den gestochenen Schäfer- und Theaterfächern zu den häufigsten englischen bedruckten Fächern. Die nächste Gruppe von Fächern, vorwiegend mit klassischen oder Phantasiemotiven, stammt von denselben Kupferplatten wie kleine Kupferstiche und ist von Bartolozzi und seinen Nachfolgern in Punktiermanier ausgeführt. Ein solches Beispiel war der bei CSK, 17. Juli 1979, Los 164 (siehe Farbtafel 57) verkaufte Fächer. Auf diesen Fächern sind alle Inschriften auf der Kupferplatte retuschiert oder ausgestrichen. Der Stich ist gewöhnlich nicht koloriert, und die Ränder sind mit einfachen Mustern bemalt. Weitere Beispiele sind ›Der Diebstahl des Bogens des Eros‹, gestochen von F. Bartolozzi, R.A., nach einem Entwurf von Angelica Kauffmann, R.A. (S.U. 60); ›Die Macht der Liebe‹ (1780), gestochen von Bartolozzi und verlegt bei Poggi (S.U. 76 und S.E. 58); ›Das Federballspiel‹ (ca. 1820) (Christie's, 5. November 1974, Los 16, 28 Gns.; ebenso S.U. 94, S.E. 93) und ›Reisende‹, gezeichnet von Prinzessin Elisabeth, der Tochter König Georgs III., einer eifrigen Kupferstecherin und Schülerin von Benjamin West, in Punktiermanier gestochen von H. Thielcke. Ferner Porträts von John Milton (S.U. 12 und S.E. 90), Alexander Pope (S.U. 13) und Charles James Fox (S.U. 16), alle nicht signiert; von Oberstleutnant Sir Banastre Tarleton, dem reichen Liverpooler Soldaten, dessen Ruhm darauf beruht, daß er Amerika mit den Leichten Dragonern heimgesucht hat (die Tarletonkappe ist nach ihm benannt), auf Seide, verlegt bei I. Cock, Wood Street (1782), gemalt von Thomas Stothard und gestochen von Wells. Ferner ›Die Kapelle‹ (1796) (S.M. 56 und S.E. 141); ›Die Vereinigten Schwestern‹, zum Andenken an die Union von England, Schottland und Irland im Jahre 1800 (S.U. 36 und S.E. 26), mit der Aufschrift ›Liebliche Schwesterinseln... mit Freiheit gesegnet‹, gestochen von George Wilson und verlegt bei Ashton und Hadwen, 28 Little Britain, 1. Januar 1801; ein weiteres Exemplar dieses Fächers wurde bei Christie's am 21. Oktober 1970, Los 280, 8 Gns., verkauft. Die gleichen Vignetten in Punktiermanier sind manchmal auf Seide gedruckt, durchbrochen und erscheinen damals häufig auf englischen Fächern, manchmal auf Briséefächern aus Sandelholz. Weitere häufige Themen sind Romane und das klassische Altertum.

Es gibt einige französische Fächer in Punktiermanier aus dem 18. Jahrhundert. Mirabeau war ein beliebtes Motiv (S.M. 115 und S.F. 58), und im frühen 19. Jahrhundert gibt es eine Gruppe von reizenden Fächern, oft mit Gesichtern in Punktiermanier bedruckt und in farbigem, kräftigem Dekor mit hübschen romantischen Szenen bemalt. Sie sind oft signiert und numeriert und wurden in großen Mengen hergestellt. Die Gestelle sind oft sehr kunstvoll verziert. Gedruckte Fächer sind nun fast immer koloriert. Unter den Verlegern befindet sich Vve. Garnison.

Um diese Zeit hatten sich Rolle und auch Herkunft der gedruckten Fächer geändert. Sie sind jetzt vorwiegend französisch oder kommen aus anderen europäischen Ländern, nicht mehr unkoloriert, sondern in kräftigen Farben, und vor allem nicht mehr nur billige Ware. Die Fächer sind häufig auf kunstvoll verzierte Gestelle montiert. Um die Jahrhundertwende sind die Themen meist Hinweise auf zeitgenössische Ereignisse – bis 1815 –, dann erscheinen vorwiegend hübsche romantische Fächer. Die Sammlung Schreiber enthält einen einzigen deutschen Fächer in Punktiermanier von König Friedrich Wilhelm III. und Königin Luise von Preußen (1798) (S.U. 291 und S.M. 237). Dr. van Eeghen besitzt einen merkwürdigen bedruckten Fächer: Das Blatt ist italienisch, mit radiertem Umriß und punktierter Ausführung einer römischen Szene, gestochen um 1815 und koloriert und montiert um 1845, wahrscheinlich in Frankreich; die Farben (schwarz und rot) sind ohne Ton aufgetragen, und die Schattierung ist in Gold.

Mezzotinto

Die Mezzotintomanier ist die mühsamste aller Kupferstichtechniken. Dabei wird die Kupferplatte mit dem Granierstahl kreuz und quer aufgerauht. Stellen, die heller erscheinen sollen, werden mit dem Schabeisen geglättet. Obwohl die Mezzotintomanier in England weit verbreitet war, kam sie sehr teuer: Im Jahre 1760 kostete ein Mezzotintostich gerahmt etwa £1 – Grund dafür ist der mühsame, große Kunstfertigkeit erfordernde Herstellungsprozeß.

Mezzotintofächer sind noch seltener als die bisher erwähnten Typen – nur sechs Exemplare sind bekannt: ›Der Abschied eines Helden‹ (ca. 1780) (Christie's, 19. Februar 1974, koloriert, Los 30, 100 Gns., siehe Farbtafel 60); zwei von Lord Rodney (einer S.E. 15 und S.U. 18) – er war bekannt für seine Eitelkeit, und vermutlich handelt es sich hier um Privatkommissionen – der andere Christie's, 7. November 1973, Los 14 (mit zwei anderen Fächern), 500 Gns.; ›Enthüllung einer Statue‹ (S.U. 32); ein Fächer mit einer kleinen allegorischen Vignette (Privatsammlung); ›Die Nachtreise‹ (S.U. 100 und S.E. 103), verlegt und wahrscheinlich auch gestochen von J. Jehner, einem obskuren, jedoch sehr begabten Kupferstecher und Maler, der um 1775 in London, dann in Devon wirkte und später zurückkehrte, um im Jahre 1880 diesen Stich zu verlegen, der ursprünglich als Transparent geplant war.

Holzschnitte

Holzschnittfächer sind ebenfalls selten. Es ist eine billige Technik, aber wahrscheinlich zu grob für den notwendigerweise kleinen Maßstab des Gegenstandes und den verhältnismäßig anspruchsvollen Markt. Holzschnitte erzeugen einen ziemlich harten Tinteneffekt, nicht ganz so schwerfällig, aber im Grunde ähnlich der groben Art eines Kartoffeldrucks oder eines Fingerabdrucks.

Ein französischer Holzschnittfächer von Necker (ca. 1788) (CSK, 17. Mai 1979, Los 85, £160, siehe Farbtafel 61) und ein weiterer (Christie's, 6. November 1972, Los 158, 50 Gns.) sind die einzi-

60 Fächer, das Blatt in Mezzotinto, handgetönter Farbdruck mit dem Abschied eines Helden; Elfenbeinstäbe geschnitzt, durchbrochen und vergoldet. Englisch, ca. 1780, 26½ cm (Sammlung des Hon. C. A. Lennox-Boyd).

61 ›Mr. Necker‹, das Blatt ein handkolorierter Holzschnitt mit Engeln, Necker verherrlichend, und sechs Versen; die Umrandung trägt mit Schablonen gemalte Ranken; mit hölzernen Stäben in zeitgenössischem Behälter (Deckel fehlt). Ca. 1788, 28 cm (nicht in der Sammlung Schreiber).

gen, die zwischen 1968 und 1979 auf den Markt gekommen sind, und eine Gruppe von vier merkwürdigen Fächerentwürfen, wahrscheinlich holländisch, ist das einzige Beispiel für Holzschnitte in der Sammlung Schreiber (S.U. 397).

Lithographien

Die Lithographie ist das unmittelbarste Verfahren. Die glattgeschliffene Steinoberfläche wird entsprechend vorbehandelt und druckt dann dort, wo die Zeichnung mit lithographischer Fettkreide aufgetragen ist. Auf Fächern kann die Kreidemanier leicht festgestellt werden, da auf dem Untergrund die schwarze kreideartige Zeichnung sichtbar ist, und kein Fächermacher würde Kreide benutzen, die durch die Farbe hindurchscheint.

Obwohl die Lithographie schon am Anfang des 19. Jahrhunderts aufkommt, wird diese Technik erst von 1830 an überwiegend für Fächer verwendet; sie sind gewöhnlich mit *fêtes champêtres* im Stil des 18. Jahrhunderts bedruckt, und die Figuren, die oft Maskenkostüme aus dem 17. Jahrhundert tragen, werden dann handkoloriert. Die kunstvollsten Exemplare haben feine Perlmutterstäbe, die billigeren Hornstäbe, die Fächer mittlerer Qualität haben gewöhnlich Elfenbeinstäbe (siehe Abbildung 62). Eine große Anzahl dieser hübschen Fächer ist noch erhalten; sie bringen etwa £20–£150 pro Stück, je nach Qualität. Späte Lithographien wurden manchmal auf Atlas gedruckt; in der Sammlung Schreiber befindet sich ein italienisches Exemplar mit dem Dom in Florenz von Giovanni Gilardini, Nr. 219. Bedruckte Fächer wurden in der Technik gefertigt, die im Ursprungsland des Stiches am beliebtesten war. In Frankreich zum Beispiel war die Lithographie beliebt, und eine ganze Reihe von Fächern wurde auf diese Weise hergestellt, da es die billigste Methode war.

62 Handkolorierter lithographischer Fächer mit Figuren in Kostümen des 18. Jahrhunderts in einer Landschaft; Elfenbeinstäbe durchbrochen und vergoldet, Deckstäbe geschnitzt mit Rosen, Griff mit Türkis besetzt. Französisch, ca. 1860 (Sammlung der Autorin).

63 Fächer, das Blatt zeigt die Chromolithographie eines Zwischenfalls während einer Wahl, mit Perlmutterstäben. 35 cm.

Chromolithographien

Chromolithographien werden von einer Anzahl von Steinplatten gedruckt, jede in einer anderen Farbe. Sie haben gewöhnlich eine glasartige Struktur, vergleichbar mit der von Zigarren- und Schokoladeschachteln im 19. Jahrhundert. Dieses Verfahren kommt um 1860 auf, obwohl es schon lange vorher erfunden worden war. Ein ungewöhnliches Exemplar mit einer Wahlszene wurde bei CSK, 31. Oktober 1978, Los 72, £210 (siehe Abbildung 63), verkauft. Die Stiche sind oft als Vignetten mit Rändern aus blauem Glanzpapier arrangiert.

In den Jahren 1870–1880 gab es weniger chromolithographische und lithographische Fächer, weil die Mode Netz und billige Spitze bevorzugte, wenn auch einige Fächer, auf Seide und Leinen gedruckt, um 1890 als Nachahmung von Fächern des 18. Jahrhunderts erschienen. Eine interessante Gruppe von lithographischen Fächern über die Kunst wurde im Jahre 1904 zum Gedächtnis eines Lithographen, Henry Monnier, von seinen Freunden, u. a. Jacques Villon, hergestellt.

Sie tauchten erneut im frühen 20. Jahrhundert als amüsante Reklamefächer auf – vor allem mit Anzeigen von Luxushotels (wahrscheinlich wurden sie auf den Tischen verteilt und waren für die Tänzer am Abend bestimmt), von Restaurants und von Parfüms. Sie waren hauptsächlich französisch, wenigstens die besten Entwürfe wie Charles Barbier für Paquin (CSK, 31. Oktober 1978, Los 47, £140). Dazu gehörte eine Reihe von Fächern von dem Verleger Maquet, der bekannte Illustratoren wie Bernard de Monvel beschäftigte (CSK, 17. Mai 1979, Los 98, £65, siehe Farbtafel

64). Fächer, die für Parfüm werben, verkünden, daß sie entsprechend parfümiert sind, aber der Duft hat sich im Laufe der Jahre verflüchtigt, wie schon bei den italienischen Fächern des späten 17. und des frühen 18. Jahrhunderts, die auch parfümiert gewesen sein sollen. Es gibt auch Exemplare von Handschirmen und Kokardefächern, die der Werbung dienten.

Eine Anzahl von billigeren Reklamefächern wurde in Japan hergestellt, oft mit Holzschnittverzierungen; ein solcher Fächer mit einer Werbung für holländischen Kakao wurde bei CSK, 17. Mai 1979, verkauft. Reklamefächer findet man noch zuweilen bei Fluglinien, vor allem aus dem Orient.

Die Einladung zur Modenschau des Royal College of Art im Jahre 1978 war ein chromolithographischer Papier-Briséefächer (Sammlung der Verfasserin). Es ist merkwürdig, wie viele dieser späten bedruckten Fächer noch erhalten sind, oft in tadellosem Zustand; sie wurden wahrscheinlich aufbewahrt zur Erinnerung an einen besonderen Abend, einen romantischen Tanzpartner oder ein vorzügliches Abendessen – und natürlich nehmen geschlossene Fächer sehr wenig Raum ein.

64 Dame und Hund in einer Flugmaschine, Reklame für das Parfüm Pompeia, Parfümerie L. T. Piver, 10 Boulvd. de Strasbourg, Paris, gezeichnet von Mich und gestochen von Maquet, 10 Rue de la Paix, mit hölzernen Stäben. Französisch, ca. 1925, 24 1/2 cm.

65 Fächer, das Blatt bemalt mit Szene aus einem Roman im Stil von Stothard oder Corbauld, mit durchbrochenen Elfenbeinstäben. Englisch, ca. 1820 (Sammlung des Hon. C. A. Lennox-Boyd; 22 Kensington Palace Gardens Auktion, 12. Dezember 1977, Los 98).

5 Bemalte Fächer im neunzehnten und zwanzigsten Jahrhundert

Im 19. Jahrhundert werden Fächer mehr in Massenproduktion hergestellt und sind im allgemeinen von weniger feiner Qualität, doch sehr dekorativ. Spanien wurde zusammen mit Frankreich führendes Produktionsland. Bemalte Fächer sind nicht mehr unbedingt die bedeutenderen. Die gemalten Szenen werden oft auf die Rückseite des Fächers verwiesen, während die Vorderseite eine Lithographie zeigt, wie der bei CSK (Baldwin-Sammlung, 4. Mai 1978, Los 22, £220) verkaufte Fächer mit einem Bild von der Übergabe von Baylen; auf die Rückseite ist die Jungfrau von Saragossa gemalt, eine der Heldinnen der Belagerung. General Pierre Dupont ergab sich mit seinen 18 000 Mann am 23. Juli 1808 dem General Castanos in Baylen. Als eines der Ergebnisse dieses schweren Rückschlags, den die Franzosen erlitten, wurde die Belagerung von Saragossa, der Hauptstadt von Aragon, zeitweilig aufgehoben. Sie wurde Ende Dezember erneuert, am 27. Januar wurde ein Einbruch erzielt, aber erst am 20. Februar fiel die Stadt nach heroischer Verteidigung. Maria Agustín, die Jungfrau von Saragossa, wird in Byrons *Childe Harold,* Gesang 1, erwähnt. Dieser Fächer, wie viele andere aus dem frühen bis mittleren 19. Jahrhundert, ist weitgehend im Stil des 18. Jahrhunderts gemalt, man beachte die Anordnung der drei Vignetten auf dem Blatt.

In den Jahren von 1840 bis 1860 tragen die Figuren oft Kostüme des 18. oder sogar 17. Jahrhunderts und amüsieren sich mit *fêtes champêtres* und anderen ländlichen und höfischen Vergnügungen – denselben, die sie auf Fächern des 18. Jahrhunderts genossen.

Die meisten Fächer des 19. Jahrhunderts sind kleine Elfenbein- oder Hornfächer. Die Briséeform herrscht vor. Manche sind englisch, andere möglicherweise in Dieppe hergestellt, durchbrochen und mit Blumenranken dekoriert. Manchmal jedoch sind sie kunstvoller und mit reizenden Vignetten bemalt wie die Doppelbildnisfächer, die in Kapitel 7 beschrieben werden, oder wie der ungewöhnliche Fächer Nr. 127 in der Madrider Ausstellung von 1920: Es handelt sich hier um eine merkwürdige Mischung – einen durchbrochenen Horn-Briséefächer in gotischem Stil mit einem gemalten Chinoiseriefries. Fächer dieser Art stammen aus dem ersten Viertel des 19. Jahrhunderts; es wurden jedoch ähnliche Fächer auch im späteren 19. Jahrhundert hergestellt. Aus den ersten Jahren des Jahrhunderts sind noch feine englische Briséefächer erhalten, die vorzüglich

66 *Fächer, das Blatt bemalt mit elegantem Flötisten, Zuhörern und mit den Künsten. Umrandung mit Muscheln, Weinreben, Früchten, Federn und Blumen; Perlmutterstäbe geschnitzt, durchbrochen, vergoldet und mit Früchten und Blüten bemalt. Stäbe ca. 1760, das Blatt Imitation des 19. Jahrhunderts, 30 cm (CSK, 23. Oktober 1979, Los 154, £220).*

67 Fächer, das Blatt bemalt mit Seelen, die zum Himmel auffahren, im Stil von William Marshall Craig; Elfenbeinstäbe durchbrochen und mit Engeln bemalt. Ca. 1790, 26 cm (CSK, 18. November 1976, Los 103, £110).

gemalt sind, wahrscheinlich von Miniaturmalern, besonders solchen, die auf Illustrationen spezialisiert waren wie William Marshall Craig. Ein Fächer war zur Erinnerung an die Union von England und Irland im Jahre 1800 gemalt worden.

In Spanien und Italien gibt es während der gleichen Zeit Exemplare von kleinen Fächern, oft mit feinen Leder- oder Kükenhautblättern und ganz feinen Stäben, oft aus Perlmutter mit vergoldeten Gestellstäben, die mit Halbedelsteinen besetzt sind. Ein schönes Beispiel dieses Typs war Nr. 152 in der Madrider Ausstellung (aus der Sammlung der Duquesa de Talavera), bemalt mit einem Palast in einem Park mit Tempeln – la Alameda de Osuna –, umrahmt mit roter Draperie. Die Rückseite ist mit den Initialen der Doña Maria Josefa Pimentel, Condesa-Duquesa de Benavente, bemalt, der Gattin des Herzogs von Osuna, der den Alamedapalast erbaute und den Beinamen »El Capricho« führte.

In den Jahren zwischen 1820 und 1840 hatte man wieder längere Fächer, und besonders die spanischen gleichen denen des 18. Jahrhunderts, sogar die Perlmutterstäbe sind im Stil des 18. Jahrhunderts geschnitzt und durchbrochen. Solche Fächer wurden wahrscheinlich nur in Frankreich und Spanien hergestellt.

Nr. 230 in der Madrider Ausstellung ist mit der Hochzeitsprozession von Ferdinand VII. und Doña Maria Cristina bemalt. Das Blatt öffnet sich voll in einem Winkel von 180°, und die Prozession schlängelt sich um den ganzen Halbkreis wie auf einem orientalischen Fächer, was jedoch für einen europäischen Fächer selten ist.

Man findet jetzt mehr Amateurmaler, die ihre eigenen Fächer verzieren, wenn auch vor der zweiten Hälfte des Jahrhunderts nicht in großer Zahl.

Handfächer als Paare waren im zweiten Viertel des 19. Jahrhunderts Mode. Die meisten bestehen aus Papiermaché und sind mit Landschaften bemalt und lackiert; manche sind aus Karton. Viele haben ihren Ursprung in England.

Um die Mitte und in der zweiten Hälfte des 19. Jahrhunderts sind die meisten Fächer handkolorierte Lithographien. Nur die vorzüglichsten oder teuersten Fächer, wie die von Alexandre hergestellten, und manche der unbedeutendsten, die von Laienmalern stammen, sind nun bemalt. Von da an ist es allgemein üblich, bemalte Fächer zu signieren. Eine Menge spanischer und französischer Fächermaler überschwemmt den Markt. Ein Fächer, der bei CSK verkauft wurde, war von drei Malern signiert, da sich gemalte Vignetten auf den Stäben befanden.

In der Zeit zwischen 1860 und 1880 waren Fächer oft auf Atlas gemalt. Für Laienmaler verkauften Duvelleroy und andere Fächermacher einfache Atlasfächer, Elfenbein- und Holz-Briséefächer, die dann mit Blumen und Vögeln verziert wurden. Offenbar waren nach dem *Englishwoman's Domestic Magazine* ein Hundekopf oder ein beliebtes Rennpferd im Jahre 1866 bevorzugte Themen. Einige Autogrammfächer fallen in diese Kategorie: Es sind gewöhnlich Briséefächer, und jeder Stab ist mit einer kleinen Vignette und mit einem Autogramm oder einer Widmung versehen.

Bis auf die letzten Jahrzehnte des vorigen Jahrhunderts, als man begann, Fächer zu signieren, blieben Fächermaler anonym. In England jedoch tauchen ein paar Namen auf. Doyle, der Karikaturist und Illustrator, malte einen Fächer, der sich jetzt in der Sammlung I. K. H., der Prinzessin Margaret befindet. Ein außerordentlich schön

68 *Fächer, das Gazeblatt mit Prinz Hermann von Sachsen-Weimar, der das Braune Derby Deutschland gewinnt, von Ch. Auront; mit hölzernen Stäben. Ca. 1890, 42½ cm (früher in der Sammlung der Prinzessin Gerta von Sachsen-Weimar; CSK, 17. Mai 1979, Los 68, £90).*

69 Fächer, das Blatt bemalt mit eleganten Schäferinnen im Stil des 18. Jahrhunderts von John Massey Wright; Perlmutterstäbe durchbrochen und vergoldet. Ca. 1840, 26½ cm (Photographie mit freundlicher Genehmigung Sanders of Oxford).

70 ›Der Schatten des Polizisten‹, Seide- und Gazeblatt von S. Drinot bemalt, zeigt den Schatten, der kleine Pierrots stört, die von einer Mauer aus Äpfel stehlen; Rückseite mit der Szene auf der anderen Seite der Mauer, mit Schildpattstäben; ein Deckstab ist geschnitzt mit einem Polizisten mit Elfenbeingesicht und -händen. 28 cm, in Duvelleroy-Behälter (angeblich Entwurf von Richard Doyle für Louise Lady Hillingdon).

gemalter Fächer (Sanders of Oxford) aus dem Jahre 1840 kommt stilistisch ungemein nahe an John Massey Wright (1777–1866) heran, der ein bedeutender Buchillustrator war (siehe Abbildung 69). Ein anderer Fächer von derselben Hand gehört Dr. van Eeghen.

Obwohl der Hauptstrom der viktorianischen Illustration – ›die Illustratoren der sechziger Jahre‹, wie sie James Glesson White nennt –, sowohl was den Stoff als die Behandlung angeht, für Fächermaler ungeeignet war, gab es doch Maler, deren Werk für Fächer hätte verwertet werden können. Man muß auf die Identifizierung weiterer Fächer warten.

Auf dem europäischen Festland bedienten sich die Illustratoren meist der Lithographie. Diese wurde leider nur selten koloriert, und somit hatte die Schule der Illustratoren, mit Ausnahme von Malern romantischer Szenen wie den Gebrüdern Deveria, keine Verbindung zu den Fächermalern, und es gab kein derartiges Handwerk, dem sie sich hätte zuwenden oder worin sie hätte geschult werden können. Unter wessen Einfluß die Fächermaler arbeiteten, bleibt reine Mutmaßung. Um die Qualität der Fächermalerei zu verbessern, arrangierte die *Fanmakers Company* in den

Jahren zwischen 1870 und 1880 eine Reihe von Ausstellungen und Wettbewerben, die leider nicht von Erfolg gekrönt waren.

Zwischen 1880 und 1900 kamen wieder interessantere und künstlerisch bedeutendere Fächer auf. Auf der Karlsruher Ausstellung (1891) fanden sich einige vorzügliche und sehr amüsante, oft exzentrische Entwürfe, wie nackte Damen auf Eisbärfellen und Giraffen, die Amoretten von Palmbäumen herabschütteln. Ein anderer sehr amüsanter Fächer, der bei CSK, 5. Mai 1977 (Los 198, £220, siehe Abbildung 70) verkauft wurde, zeigt einen Polizisten und Kinder, die Äpfel stehlen; ein weiterer mit einem Zirkus, signiert von J. Donzel, mit einem Clown auf den Deckstäben, wurde bei Sotheby's Belgravia am 1. Februar 1979 für £190 verkauft.

Billigere oder laienhafte Fächer konnten ziemlich lächerlich sein, wie der bei Christie's verkaufte mit einer Dame, die ihren Pudel auf einem Zweig entlang spazierenführt.

Ein anderer Fächertyp aus dieser Zeit war oft aus bemalter Gaze mit Spitzeneinsätzen, die genau nach Maß gewirkt waren, manchmal in Form von Gondeln und im Falle des hübschen Fächers aus Lady Schreibers Sammlung in Gestalt eines Sommerhauses (CSK, 17. Mai 1979, Los 83, £230, siehe Farbtafel 71). Diese Fächer können manchmal von beiden Seiten betrachtet werden. Die billigeren Sorten dieses Typs waren weniger einfallsreich, einfach mit Blumenranken oder Schmetterlingen bemalt, von Spitzenvolants unterbrochen.

Gelegentlich stößt man auf seltene, interessante Fächer, die von Kunstkennern gemalt und benutzt wurden: Bei Christie's, 24. März 1969, Los 184, 18 Gns., wurde ein solcher Fächer verkauft.

71 Fächer, das schwarze Spitzenblatt besetzt mit geschweifter Seidenvignette, bemalt mit Verliebten und Putten neben einem Sommerhaus; bunte Perlmutterstäbe. Spätes 19. Jahrhundert, 35 cm, in Duvelleroy-Behälter (früher in der Sammlung der Lady Charlotte Schreiber).

Das eingelegte Gestell hatte ein Schüler von Sir Edward Burne-Jones mit drei Porträtköpfen bemalt (siehe Abbildung 72). Der Fächer kam von *Old Battersea House,* dem Haus einer Mrs. Stirling, der Gönnerin und Sammlerin von Steingutwaren ihres Schwagers William de Morgan, und war wahrscheinlich von ihrem Großonkel, J. R. Spencer-Stanhope, einem Freund und Schüler Burne-Jones', bemalt worden.

72 Interessanter Fächer, das Ziegenhautblatt bemalt mit drei Porträtköpfen, einer Schlange, Orangen und Granatäpfeln; Rückseite vergoldet und mit drei Wappen und zwei Abzeichenpaaren bemalt. Hergestellt von einem Anhänger des Sir Edward Burne-Jones, spätes 19. Jahrhundert, 25,5 cm, in lasiertem Behälter (Herkunft: Old Battersea House, jetzt Sammlung des Hon. C. A. Lennox-Boyd).

Von diesem Zeitpunkt an bis zum Ersten Weltkrieg findet man beinahe zum ersten Mal – im Gegensatz zu bloßen Fächermalern – Künstler von Qualität, die Fächer entwarfen und sogar dekorierten. Charles Conder entwarf mehrere solcher Fächer. Seine Fächerblätter waren meist aus Seide, mit hübschen Hirtenszenen bemalt; sie galten als zu gut, um montiert zu werden. Zu diesen Exemplaren gehört einer im Ashmolean Museum in Oxford; sie tauchen regelmäßig bei Londoner Auktionen auf, wo sie für £200–£800 gehandelt werden.

Whistler und das Interesse an Japan ab dem Jahre 1870 hatten sichtlich wieder das Interesse für Fächer geweckt; obwohl Fächer als Modewaren keine Rolle mehr spielten, war die Fächerform noch in modischem Gebrauch. Edgar Degas dekorierte Fächer mit Kreidezeichnungen von Tänzerinnen, und es gibt Exemplare von van Gogh, doch tauchen Fächerentwürfe von Malern solchen Formats gewöhnlich nur bei Bilderauktionen und in bedeutenden Sammlungen auf. Im 20. Jahrhundert malte nur der deutsche Expressionist Oskar Kokoschka Fächer; eine Ausstellung fand 1969 statt. Ein weniger berühmter Maler wie George Sheringham veranstaltete im Jahre

1911 in der Ryder Gallery eine Ausstellung von Fächern und Seidenmalereien. In Frankreich entwarfen Dekorationsmaler wie Barbier Fächer: Ein schönes lithographisches Beispiel seines Werks ist in Kapitel 4 erwähnt. Erté machte Entwürfe für ungewöhnliche Fächer, aber es ist nicht bekannt, wie viele seiner seltsamen Entwürfe tatsächlich ausgeführt wurden. Der holländische Jugendstilmaler Willem van Konijnenburg (geboren 1868) malte im Jahre 1890 einen Holz-Briséefächer für eine Freundin.

Federn, Spitzen, Pailletten und Lithographie spielten im späten 19. und frühen 20. Jahrhundert in der Dekoration von Fächern eine so große Rolle, daß nur sehr wenige bemalte Fächer damals hergestellt wurden. Eine Ausnahme bildeten lediglich die von spanischen Fächermalern in Massen fabrizierten billigen Fächer mit kleinen Szenen wie z. B. Stierkämpfen. Doch gab es einige spezielle Aufträge von bedeutenden, ernsthaften Sammlern wie der englischen Königin Mary oder der reichen Künstlergesellschaft, die Fächer von Malern bestellten, und es gab Franzosen, die ausgefallene Fächer zu ausgefallenen Kleidern entwarfen – wie Barbier für Paquin, Erté für sich selber.

73 *Fächer, das Blatt Spitzenarbeit mit Wappen, Gazeumrandung mit Blumen bemalt; Perlmutterstäbe geschnitzt, durchbrochen, versilbert und vergoldet. Spitze ca. 1880, wahrscheinlich um 1900 montiert, 35 cm (das Wappen ist vermutlich das der Prinzessin Annie de Lusignan; CSK, 23. Oktober 1979, Los 9, £160).*

74 Fächer, das Blatt bemalt mit Hausierer, einem Fluß und fernen Bergen; Bambusstäbe und Elfenbeindeckstäbe, mit Shubayana-Arbeit verziert. Japanisch, spätes 19. Jahrhundert, 28 cm (Abbildung zeigt die Rückseite; CSK, 17. Juli 1979, Los 166, £50).

6 Ostasiatische und ethnographische Fächer

Chinesische und japanische Fächer

Abgesehen von verschiedenen Typen von Fächern wurden in China vom 17. Jahrhundert an zwei unterschiedliche Stilformen hergestellt, nämlich solche für den einheimischen Gebrauch und solche für die Ausfuhr über Kanton und Indien nach Europa; diese zerfallen wieder in Unterabteilungen.

Vor dieser Zeit hat man es mit unzähligen Typen von Fächern zu tun, die alle für den einheimischen Gebrauch bestimmt waren. Der Sammler kann heutzutage kaum irgendwelche Exemplare für seine Sammlung erwerben, obwohl in Museen einige schöne Exemplare früher chinesischer Fächer, meist nicht montierte oder abmontierte bemalte Fächerblätter, zu finden sind.

Die Geschichte der chinesischen Fächermalerei ist die Geschichte der chinesischen Malerei. Es hilft beim Studium der chinesischen Malerei kaum, daß eine große Verehrung für die Meister und Stile vergangener Perioden auf allen Gebieten der chinesischen Kunst vorherrscht. Maßstab und Ausdrucksformen der Malerei sind sich gleichgeblieben: Umrisse sind mit Pinsel und Tusche gezeichnet, zarte Farben auf Papier oder Seide laviert. Thema ist gewöhnlich die Landschaft – zumeist erhaben und nebelhaft. Ferne wird oft geschickt durch Leere ausgedrückt. Dazu kommt, daß die diagonale Komposition bis in die Yuan-Periode die Regel war, so daß die Fächerform, steif und faltbar zugleich, für Malerei höchst geeignet war. Viele Jahrhunderte hindurch gab es Schulen von ›literati Malern‹, reichen Beamten, die sich aus Liebhaberei mit Kunst befaßten und Gemälde, Gedichte und kalligraphische Blätter sammelten und tauschten. Dies alles trug dazu bei, daß sich die Fächerdekoration zu einem Hauptbestandteil der Malerei und der Kalligraphie entwickelte.

In Japan bestand von Anfang an eine große Verehrung für chinesische Formen, und wenn man sich auch manchmal von den Regeln des chinesischen Geschmackes entfernte, so schweifte man doch nie ab. Man malte häufiger als die Chinesen Blumen und Fische, man bediente sich hellerer Farben, wenn Personen dargestellt wurden, was häufig geschah, und man malte auf Goldblatt. Keine dieser Abweichungen wirkte störend auf die Fächermalerei. Das Fehlen von Schatten und Perspektive erleichterte die Fächerkomposition, und als im späten 18. Jahrhundert diese abendländischen Ideen in Japan eindrangen, waren es die volkstümlichen Maler von Edo (Tokio), die sich ihrer bedienten, das waren die Künstler der Farbholzschnitte, die im Westen so berühmt wurden, und die für die gewöhnlichen Handwerker der Hauptstadt arbeiteten. Sie entwarfen Holzschnitte für Fächer und verwendeten dabei die Perspektive.

Einige dieser gedruckten japanischen Fächer sind erhalten und ein abmontiertes Exemplar aus dem Victoria & Albert Museum von Utagawa Sadahide (1807–73), das einen Seetangsammler darstellt, wurde in der Ausstellung *Fans from the East* gezeigt.

Viele chinesische und japanische Fächer für den Hausgebrauch sind bemalt. Oft sind sie nur noch als unmontierte oder abmontierte Fächerblätter für Faltfächer und Handschirme erhalten, weil sie wegen der Malerei geschätzt wurden. Tatsächlich sind die Stäbe der chinesischen Fächer, die im Osten benutzt wurden, gewöhnlich sehr einfach, oft aus Bambus, im Gegensatz zu den kunstvoll geschnitzten und lackierten Stäben, die für den europäischen Markt hergestellt wurden.

Es gab natürlich eine Anzahl anderer Fächertypen, die damals sowohl in China als auch in Japan hergestellt wurden. Es handelt sich dabei meistens um ethnische Fächer und hauptsächlich um Handschirme.

Ein Handschirm von Qianlong (1736–95) aus Jade mit vergoldeter Dekoration aus dem Fitzwilliam Museum in Cambridge (Farbtafel 4) war

75 *Elfenbein-Briséefächer, haarfeine Schnitzerei mit saru-Affen, einen* kanemono *untersuchend; einer mit einem Pfirsich, den er von einem Baum im Hintergrund gepflückt hat; Deckstäbe mit vergoldetem* takamakie. *Japanisch, spätes 19. Jahrhundert, 28 cm (CSK, 17. Juli 1979, Los 161, £350).*

in der Ausstellung *Fans from the East* abgebildet. Ein Fliegenwedel im Horniman Museum hat einen Elfenbeingriff, der mit farbigen Seidenfäden und mit einem Belag von Haar dekoriert ist. Im Victoria & Albert Museum befindet sich ein schönes Handschirmpaar aus dem frühen 19. Jahrhundert aus Schildpatt und Bambus, mit Stickerei appliziert. Es gibt auch einige Faltfächer mit Landkarten aus dem 19. Jahrhundert, die mehr den europäischen Fächern ähneln. Das Horniman Museum besitzt einen Handfächer aus dem späten 19. Jahrhundert aus Betelpalme, mit Brandmalerei verziert. Im gleichen Museum befindet sich ein Handschirm aus Palmblatt mit einem mit Schildpatt dekorierten Bambusgriff; ähnliche, aber einfachere Fächer dieses Typs werden noch jetzt in China hergestellt und wurden während der Abfassung dieses Buches als Schaufensterdekoration bei Peter Robinson in London wie auch in einem eleganten Modegeschäft in Amsterdam verwendet.

In Japan erschien der *Suehiro ogi* oder ›weit geöffnete‹ Fächer erst im 15. Jahrhundert, war aber im 19. Jahrhundert noch in Gebrauch. Auch schwere, gebogene hölzerne Handschirme gab es, wie die von Schiedsrichtern bei Ringkämpfen benutzten, und Faltenfächer sowie Handfächer mit Eisengriffen, die Kommandanten in der Schlacht zur Erteilung von Befehlen verwendeten.

Die frühesten chinesischen Exportfächer, die sich erhalten haben, sind eine kleine Reihe von Elfenbein-Briséefächern, rot und gold lackiert, mit Gruppen von europäischen wie auch chinesischen Figuren; im übrigen sind sie mit Blumen und Tieren verziert und die Ränder sind durchbrochen. Das Exemplar im Victoria & Albert Museum (2256'T6) wurde in *Fans from the East* ausgestellt. Ein gleichartiger Fächer wurde bei CSK, 31. Oktober 1978, verkauft, ebenso ein ähnlicher Fächer. Die Europäer, die auf diesen Fächern dargestellt sind, sehen etwas merkwürdig aus, da die chinesischen Maler die Funktionen europäischer Kleider nicht verstanden. Dies sehen wir immer wieder, wenn Chinesen versuchen, europäische Fächer zu kopieren oder europäische Figuren zu zeichnen – um dem europäischen Markt gefällig zu sein und ihn zu gewinnen –, denn Kleider und Gesichter mißraten gewöhnlich.

Die nächste Gruppe von Fächern, die sich erhalten haben, sind bemalte Fächer um 1780, die englische Fächer aus dem 18. Jahrhundert mit biblischen und klassischen Szenen kopieren, wie der Fächer in der Sammlung der Verfasserin (siehe Farbtafel 76). Er besitzt Perlmutterstäbe, hat Initialen und ein Datum eingraviert und muß ein besonderer Auftrag gewesen sein. Aus der gleichen Periode stammen weitere Fächer mit chinesischen Figuren in einer Landschaft vor weißlichbraunem Grund; sie sind auf einfache durchbohrte Elfenbeinstäbe mit geschnitzten Deckstäben montiert.

76 *Fächer, das Blatt bemalt mit biblischer Szene nach europäischem Entwurf; Perlmutterstäbe, durchbrochen und vergoldet, mit Inschrift SM 1786. Chinesisch, in lasiertem Behälter aus dem 20. Jahrhundert (Sammlung der Autorin).*

77 Fächer, das Blatt bemalt mit Musikanten, die gemalte Gesichter und Kleider aus Seide haben, verziert mit Mica und Netzeinsätzen und bemalten Perlmutterapplikationen; Rückseite mit Figuren in einem Garten; lackierte Stäbe, Elfenbeindeckstäbe geschnitzt mit einem Baum und Figuren, bemalt und besetzt mit Perlmutterputten. Chinesisch, ca. 1780, 29 cm (jetzt im Victoria & Albert Museum).

Die Blätter dieser Fächer sind manchmal *découpé*, was wahrscheinlich später bei der Ankunft in England ausgeführt wurde. Diese Fächer sind den englischen gestochenen Chinoiseriefächern um 1740 ziemlich ähnlich. Ein gutes Beispiel war Los 88, CSK, 17. Mai 1979, £150, das Lady Charlotte Schreiber gehörte. Zu einer selten schönen Reihe von Fächern gehörte CSK, Sammlung Baldwin, 4. Mai 1978, Los 88, £410 (siehe Farbtafel 77), jetzt im Victoria & Albert Museum. Dieser Fächer ist mit chinesischen Figuren im Innern eines Hauses bemalt, ihre Kleider sind mit Seide appliziert; die Fenster sind aus Mica und Netzeinsätzen, und die Rückseite des Fächers zeigt die Außenseite des Hauses. Die Stäbe sind lackiert und die Deckstäbe aus Elfenbein geschnitzt, mit einem Baum und seinen Wurzeln.

Eine andere reizvolle Gruppe von chinesischen Fächern des späten 18. Jahrhunderts ist mit Ansichten von europäischen Handelslagerhäusern oder *hongs* in Kanton bemalt: CSK, Sammlung Baldwin, 4. Mai 1979, Los 14, £260 (siehe Abbildung 78) war ein Beispiel. Ein weiteres Exemplar im Victoria & Albert Museum war in *Fans from the East* (Tafel 6) abgebildet, und ein ähnlicher Fächer befindet sich in der Sammlung Mottahedeh in A. Du Boulay, *Chinese Porcelain* (Fig. 121 und 122). Die Rückseite solcher Fächer ist mit Blumen und Früchten bemalt. Dieser Stil mit seinen in leuchtenden Farben gehaltenen Blumen, Früchten, Vögeln und Figuren war während der nächsten hundert Jahre das Entzücken der Europäer, besonders der Engländer. Die Farben sind klar und leuchtend, und die Linienführung ist sehr präzise wie bei einem Miniaturmaler.

Etwa von der Jahrhundertwende an bis ungefähr 1820 findet man Fächer mit diesen hübschen Vögeln und Blumen bemalt und mit durchbrochenen Elfenbeinstäben.

Aus den Jahren nach 1790 ist eine große Anzahl von durchbrochenen Elfenbein-Briséefächern erhalten; zuerst sind sie lang und schmal, werden aber gegen 1810–1820 allmählich kürzer und breiter. Danach taucht ein dicker, plumperer Fächer auf. Die späteren Fächer sind oft durchbrochen, mit Dekoration vor einem gerippten Grund, weniger geschnitzt, und haben häufig in der Mitte ein Plättchen mit geschnitzten Initialen – wieder handelt es sich um Sonderaufträge. Auf den späteren Fächern werden immer mehr chinesische Figuren und Szenen zusammengedrängt. Es gibt auch seltenere Exemplare von Parasol- oder Kokarde-Elfenbein-Briséefächern mit langen Griffen. Gegen Ende der Periode findet man auch Perlmutter-Briséefächer, aber sie sind viel seltener. Es gab außerdem Briséefächer aus Cloisonné-Email, aus Sandelholz und aus Schildpatt, aber auch diese sind seltener.

78 Fächer, das Blatt bemalt mit den Hongs von Kanton, Rückseite mit Blumen und Früchten; Elfenbeinstäbe geschnitzt, durchbrochen mit Blumen. Chinesisch, spätes 18. Jahrhundert, 28 cm.

Zur gleichen Zeit wurden schwarz und gold lakkierte Briséefächer hergestellt. Sie wurden oft ähnlich dekoriert wie die Elfenbeinfächer, doch bemalt, nicht geschnitzt oder durchbrochen, in der Mitte mit einem Wappenschild mit Initialen und – was für diese Fächer charakteristisch ist – mit einem kleinen, überall erscheinenden Motiv versehen.

Seit etwa 1820 findet man gelegentlich Fächer, die einem Briséefächer mit einer schmalen Bespannung ähneln, so daß die Stäbe etwa zwei Drittel der ganzen Länge des Fächers einnehmen, wie CSK, 17. Juli 1979, Los 177 (siehe Farbtafel 79).

Ab etwa 1820 trifft man Fächer an, die neben den Elfenbein-Briséefächern die häufigsten chinesischen Exportfächer sind: Sie haben applizierte Figuren in Seidenkleidern und mit Elfenbeingesichtern und sind als ›Mandarinfächer‹ bekannt. Diese Fächer wurden mit Szenen aus dem chinesischen Leben bemalt und im Verlauf des Jahrhunderts mit immer mehr Figuren bevölkert.

79 Kantonfächer, das schmale Blatt bemalt mit Figuren in Landschaften, Rückseite mit Damen, Blumen pflückend; Elfenbeinstäbe geschnitzt, durchbrochen und bemalt in leuchtenden Farben mit Figuren in einer Landschaft; Rückseite ebenso geschnitzt und bemalt. Chinesisch, frühes 19. Jahrhundert, 32 cm.

Fülle und Details der applizierten Elfenbeingesichter stellen eine ganz erstaunliche Leistung dar. Die Rückseiten wurden, wenn man sie nicht ebenso dekorierte, mit Blumen, Vögeln, Früchten und Insekten bemalt, manchmal auf versilbertem Grund. Die Stäbe waren gewöhnlich aus durchbrochenem und geschnittenem Elfenbein, doch finden sich auch solche aus Horn-Cloisonné-Email, lackiertem Holzfiligran und Sandelholz. Diese Fächer wurden auch gelegentlich als Cabrioletfächer hergestellt (siehe Farbtafel 80). Ebenfalls um 1820 wurde eine interessante Serie von Fächern in Macau für den portugiesischen Markt hergestellt. Sie hatten kunstvoll mit Allegorien bemalte Papierbespannungen, auf denen die portugiesische Königsfamilie dargestellt war. Die Rückseite war mit europäischen Blumen in leuchtenden Farben bemalt. Sie waren ziemlich lang – ca. 32 cm –, wie es die Mode verlangte, und hatten vergoldete Filigranstäbe. Ein Exemplar wurde bei CSK, 31. Oktober 1978, Los 44 (siehe Abbildung 81) verkauft.

80 Cabrioletfächer, das obere Blatt bemalt mit Figuren mit Elfenbeingesichtern, Rückseite mit drei gemalten Vignetten chinesischer Figuren, unteres Blatt bemalt mit drei Vignetten mit Hafenszenen; geschnitzte und durchbrochene Schildpattstäbe. Im Kanton-Exportstil, doch möglicherweise europäisch, ca. 1830, 27 cm (CSK, 23. Oktober 1979, Los 2, £125).

Um 1820 führten die Chinesen auch reizende Federfächer aus, die aus weißen Gänsefedern hergestellt und in leuchtenden Farben mit Vögeln und Blumen im gleichen Stil wie die Papierfächer bemalt waren – sie hatten entweder Elfenbein- oder Hornstäbe.

In den Jahren nach 1880 wurde eine Anzahl von Fächern mit asymmetrischen Stäben hergestellt (siehe Farbtafel 82).

Andere orientalische, ozeanische und afrikanische Fächer

Zwischen Japan und China liegt Korea, einst ein hierarchischer buddhistischer Staat, der natürlich auch seine besonderen Fächer hatte. Das Pitt-Rivers Museum in Oxford besitzt zwei interessante Exemplare, die es 1888 von den Royal Botanical Gardens in Kew erhielt. Es sind Handschirme aus Streifen von gespaltenem Bambus, mit bemaltem Broussonetiapapier überzogen; der eine hat ein freiwirbelndes Motiv in Orange, Grün und Gold (den koreanischen Landesfarben) – ganz Art Deco –, der andere hat schwarze Art-Nouveau-Blumen auf goldenem Grund. Zwei Fächer im Horniman Museum sind in den koreanischen Landesfarben gemalt und tragen auch das nationale Emblem – einer ist mehr als 90 cm lang. Alle haben einfache hölzerne Griffe. Die Koreaner hatten auch Faltfächer. The Botanical Gardens schenkten im Jahre 1880 dem Pitt-Rivers Museum einen solchen einfachen Fächer aus Broussonetiapapier mit Bambusstäben; er unterscheidet sich von einem gewöhnlichen europäischen Fächer nur dadurch, daß der dicke Griff etwas gebogen ist. Weiter im Süden, in Malaysia und

81 *Fächer, das Blatt bemalt mit Vignette mit Musen, Göttern und Göttinnen, um einen Ritter in Rüstung versammelt, der die Standarte Portugals trägt, während die Jungfrau Maria, bedient von einem Putto, der auf einem Kissen eine Krone trägt, auf einen Pavillon hinweist, in dem in einem Strahlenkranz das Symbol für Johann VI. erscheint; Umrandung mit Blumensträußen europäischer Art, Rückseite mit europäischem Paar mit der Inschrift ›Arnoff Fethice‹; vergoldete Filigranstäbe. Macau, ca. 1820, 31 cm.*

Indonesien, gibt es einen eigentümlichen Fächertyp, birnen- oder blattähnliche Handschirme aus Büffelfell, die auf Gold mit tanzenden Figuren bemalt und mit Hornstäben versehen sind. Obwohl massiv, sind sie doch durchsichtig und recht dekorativ. Faltfächer sind zwar viel seltener, doch gibt es sie (siehe Farbtafel 83, CSK, 23. Oktober 1979, Los 24, £50); sie kommen meist aus Sumatra.

Von der Insel Java, östlich von Sumatra, kommen mannigfaltige Kokardefächer aus Palmblatt; ein Exemplar befindet sich im Horniman Museum, ein anderes kommt von der Insel Praslin in den Seychellen und ist in *Fans from the East* (Tafel 46) abgebildet; man hat festgestellt, daß es aus coco-de-mer gefertigt ist, einer Pflanze, die nur auf diesen Inseln wächst.

82 *Großer Kantonfächer, das Blatt Seide auf Papier, bemalt mit Figuren, Gesichter aus Elfenbein, Kleider aus Seide; Holzstäbe mit Palmetten lackiert. Wahrscheinlich Mitte 19. Jahrhundert, 37,5 cm, in lackiertem Behälter (CSK, 23. Oktober 1979, Los 70, £200).*

83 Indonesischer Fächer, das Faltblatt aus geschweiften Büffelhautstreifen, bemalt mit Tänzern; mit hölzernen Stäben. Ca. 1850, 17 1/2 cm.

Auf den Südseeinseln erreichten die Fächer wahrscheinlich ihre größte soziale Bedeutung, dort wurden einige der größten Fächer hergestellt. Sie bestehen fast alle aus gewebten Streifen von Palmenblättern, die Form wechselt von einer Inselgruppe zur anderen; je höher die soziale Stellung des Trägers, um so großartiger der Griff. Im Pitt-Rivers Museum ist eine Sammlung von bescheideneren Fächern, darunter ein Miniaturfächer mit Samen und Perlen aus Melanesien dekoriert, aus der Hooper-Sammlung im Jahre 1931 erworben. Auf den Marshall-Inseln (in Mikronesien) sind die Fächer rautenförmig; das Exemplar, das Leutnant Slater im Jahre 1893 dem Museum überreichte, hatte einen schwarz und weiß karierten Rand. Weiter westlich in Mikronesien fand er auf den Gilbert-Inseln (jetzt Kiribati) auch einen fächerförmigen Handschirm. Auf Nukufetau, einer der benachbarten Ellice-Inseln (jetzt Tuvalu), fand Mr. C. F. Wood einen spatelförmigen Fächer; dieser hatte einen hölzernen Griff und gehörte wahrscheinlich einer Persönlichkeit von Rang.

Ein anderer Fächer mit einem geschnitzten Griff ist im Horniman Museum zu sehen und kommt aus Mangaia auf den Cook-Inseln. Er hat die Form eines Drachens und eine kleine W-förmige Kerbe an der Spitze; in den hölzernen Griff ist das *tiki-tiki-*Muster eingraviert. Eine bescheidenere Abart mit einfachem Griff, aber viel größer (80 cm lang) und mit einem langen geflochtenen Trageriemen wurde bei Christie's, 19. Juni 1979 (Los 174), verkauft. Das Horniman Museum besitzt einen samoanischen Fächer mit dreieckigem Blatt und gezacktem oberem Ende und auch einen tahitischen Fächer, lang und dreieckig, mit einem drachenförmigen hölzernen Griff mit einem Loch darin.

Diese Palmenblattfächer sind außerordentlich selten, weil sie verfaulen. Obwohl viele ethnographische Sammlungen die geschnitzten Griffe von königlichen Fächern besitzen, gehören Fächer, die mit den Griffen erhalten sind, zu den wertvollsten, die es überhaupt gibt. Auf den polynesischen Marquesas-Inseln sind die Fächer dreieckig, und drei Exemplare mit geschnitzten Griffen sind bei Christie's verkauft worden, das letzte, billigste mit einem Elfenbeingriff, der aus den Überresten einer Harpunenspitze gefertigt ist.

Der wertvollste aller Südseefächer war der Fächer des Reverend John Williams – er wurde bei Christie's am 19. Juni 1979 (Los 146, £38,500, siehe Farbtafel 84) verkauft. Er besaß nicht nur fast das ganze Blatt und einen höchst seltenen Griff – die Janusfigur –, sondern er hatte auch eine berühmte Geschichte. Williams, ein Mitglied der *London Missionary Society,* hörte von der Rarotonga-Insel, als er auf anderen Cook-Inseln predigte, aber es gelang ihm nicht, die Insel zu finden. Zur gleichen Zeit hatten die Inselbewohner von einem tahitischen Konvertiten vom Christentum gehört. Einer ihrer Könige, Makea, machte sich auf, den Missionar zu suchen. Er fand ihn, einen enttäuschten Forscher, im Jahre 1832 und vermochte ihn auf die richtige Spur zu bringen und ihm später bei der Bekehrung der Inselbewohner behilflich zu sein. Um die Überlegenheit des Christentums zu beweisen, verbrannten verschiedene Könige ihre Götzenbilder und aßen, was in der Asche gekocht war. Nur Fächer und Griffe blieben erhalten. Es wird angenommen, daß Makea Williams diesen Fächer gab.

In diesem Falle war der hohe Preis auf die Seltenheit von Funden von diesen Inseln zurückzuführen. Ein anderer Fächer oder Fliegenwedelgriff aus Rarotonga (19. Juni 1979, Los 145) brachte ebenfalls £38,500 ein, selbst ohne den dazugehörigen Fächer und ohne die interessante Herkunft des anderen Stückes.

Von den Banks- und Torres-Inseln in Melanesien kommen rechteckige, fahnenförmige Fächer aus gespaltenen und geflochtenen Palmenblättern. Auf anderen Südseeinseln sind die Fächer von geringer Bedeutung. Auf den Fidschi-Inseln wurde ein Fächer in Form eines Pingpongschlägers aus dekoriertem Palmenblatt mit Schnurgriff im Jahre 1896 von Leutnant B.E.T. Summerville erworben und dem Pitt-Rivers Museum überreicht, und das Britische Museum besitzt einen durchbrochenen hölzernen Fächer von Tonga, der in *Fans from the East* (Tafel 61) abgebildet war.

In Indien waren Fächer weniger wichtig, aber (nicht erstaunlich bei einem Subkontinent) von großer Mannigfaltigkeit. Eine große Anzahl indischer Fächer ist seitlich montiert und drehbar. Auf den Naga-Hügeln in der Nähe der burmesischen Grenze sind die Fächer einfach. In Indore bestehen sie aus gewobenem, geflochtenem Stroh. In Peshawar (jetzt Pakistan) haben die Fächer die Form einer Axt und sind bestickt. Einige Fächer von Bombay sind mit Perlen und Flitter dekoriert, andere sind aus Baumwolle und mit Pailletten und Käferflügeln bestickt. Von Madras an der gegenüberliegenden Küste kommen sehr merkwürdige Fächer. Ein ca. 90 cm hoher Fächer im Pitt-Rivers Museum ist aus Bussapalme gemacht; der Griff besteht aus dem dickeren Teil des Stiels, und wo der Stiel ins Blatt übergeht, wird er zur Seite gebogen und geflochten.

Ein Fächer von Madras im Horniman Museum ist groß, nahezu kreisrund und aus Bambus, mit Pfauen bemalt; der Griff ist aus lackiertem Holz und hat am unteren Rand des Fächers einen ringförmigen Einsatz. Der Fächer war ursprünglich mit Pfauenfedern eingefaßt. Ein wesentlich einfacheres Exemplar befindet sich im Pitt-Rivers Museum. Ein Fächer aus Kalkutta im Horniman Museum ist ein Radfächer aus Papier, mit Stroharbeit und getrockneten Grasfransen dekoriert. Im benachbarten Burma werden große Fächer aus gefaltetem Bambus hergestellt. Sie sind blattförmig und haben gebogene Griffe, die diagonal montiert sind – der eine im Pitt-Rivers Museum wurde von Reverend A. H. Finn im Jahre 1888 erworben. Ein einfacheres Exemplar aus Palmblatt mit einem einfachen hölzernen Griff ist im Horniman Museum; diese Fächer wurden von den Priestern vors Gesicht gehalten, wenn sie vor Frauen predigten. Andere Fächer wurden in

Burma zur Ausfuhr hergestellt, darunter befanden sich Faltfächer aus Satin – einer, der mit einer Prozession bemalt ist, wurde kürzlich bei CSK verkauft – und auch Briséefächer in Form eines Parakeets (Sittich) gefaltet, wie in *Fans from the East* abgebildet.

Im Westen Persiens wurden blattförmige Handschirme aus Papiermaché gemacht und bemalt wie die Federbüchsen, die man dort häufig findet. Ähnliche Fächer wurden in Indien unter den Mogulen und später unter persischem Einfluß hergestellt.

In Afrika und Südamerika herrscht große Mannigfaltigkeit vor, obwohl Fächer weniger üblich sind als Fliegenwedel. Diese überwiegen in Süd- und Ostafrika, kommen aber auch in Westafrika, in Indien und andernorts vor.

Aus Madagaskar, aus dem Hinterland der Ostküste, kommen Grasfächer, und weiter nördlich, in den arabischen Siedlungen von Sansibar, wurden drehbare Fächer mit axtförmigen Bespannungen gefertigt, reich bedeckt mit hellfarbigen Perlen. Aus Westafrika kommen runde oder blattförmige Fächer mit hölzernen Stäben. Die Sammlung Pitt-Rivers besitzt zahlreiche nigerianische Fächer, unter anderem zwei Fellfächer, einen aus Kano im Norden und einen aus Lagos im Süden, welche von den Frauen der Häuptlinge benutzt wurden, um die Fliegen von ihren Männern abzuwehren; ferner einen kreisrunden Raffiafächer aus Ikot Ekpene, von J. F. Ross im Jahre 1932 erworben. Ein halbkreisförmiger Fächer im Pitt-Rivers Museum, der im Jahre 1913 dem Museum gestiftet wurde, ist mit Stoff bespannt, genauer mit einem Litzengitter, das mit Nägeln befestigt, dekoriert und mit Straußenfedern eingefaßt ist. Aus Nigeria kommen auch interessante, farbige fahnenförmige Fächer aus Wolle. Das Horniman Museum besitzt zwei Fell-Kokarde-Fächer wie auch einen ledernen, der so dicht mit Federn besetzt ist, daß er eine Spannweite von ca. 90 cm erreicht, und aus Kamerun, dem nächsten östlichen Nachbarn Nigerias, einen runden Perlfächer mit einer großen Federumrandung.

Das Pitt-Rivers Museum besitzt auch zwei andere typisch westafrikanische Fächer. Der eine, eine große Kuriosität, ist aus Holz, überall mit Schnitzereien verziert und wurde wahrscheinlich bei Ritualtänzen verwendet; er ist vermutlich gut über 100 Jahre alt, da er im Jahre 1886 aus dem Ashmolean Museum ins Pitt-Rivers Museum überführt wurde und vorher aus der Sammlung Christie gekommen war. Der andere ist wahrscheinlich nicht so alt, aber sowohl Blatt wie auch Griff sind aus schwarzem und weißem Kuhleder, und die blattförmige Bespannung ist mit Motiven aus grünem und weißem Leder dekoriert.

Die nordamerikanischen Indianer benutzen vor allem Federfächer, manchmal Schwanenflügel, aber ein keulenförmiger Fächer in der Sammlung Horniman war mit Blumen aus Stachelschweinborsten dekoriert und ursprünglich mit Binsen eingesäumt.

In den heißesten Gegenden Südamerikas gibt es Vögel im Überfluß, und die Fächer werden dort aus Federn gemacht; im Cayapas-River-Distrikt von Ecuador wurden jedoch rautenförmige Fächer aus Köper benutzt, um Kohlenfeuer anzufachen, wozu auch die spanischen und portugiesischen geköperten Fächer verwendet wurden.

Die einzigen europäischen ethnischen Fächer sind die Kokardefächer aus Madeira aus feinem, getrocknetem Gras.

Natürlich kann diese kurze Übersicht die Fächertypen aus Afrika, Indien und den Südseeinseln nur andeuten. Wer sich näher dafür interessiert, sei auf die umfangreiche Literatur über einzelne Stammeskulturen hingewiesen.

84 Rarotonga-Fächer, das Blatt aus geflochtenen Palmblättern, Griff aus Holz mit geschnitzter Janusfigur, Länge 33 1/2 cm. Hölzerner Fächer- oder Fliegenwedelgriff aus Rarotonga, in Gestalt einer männlichen Figur geschnitzt, 12 cm lang (aus der Sammlung James Hooper).

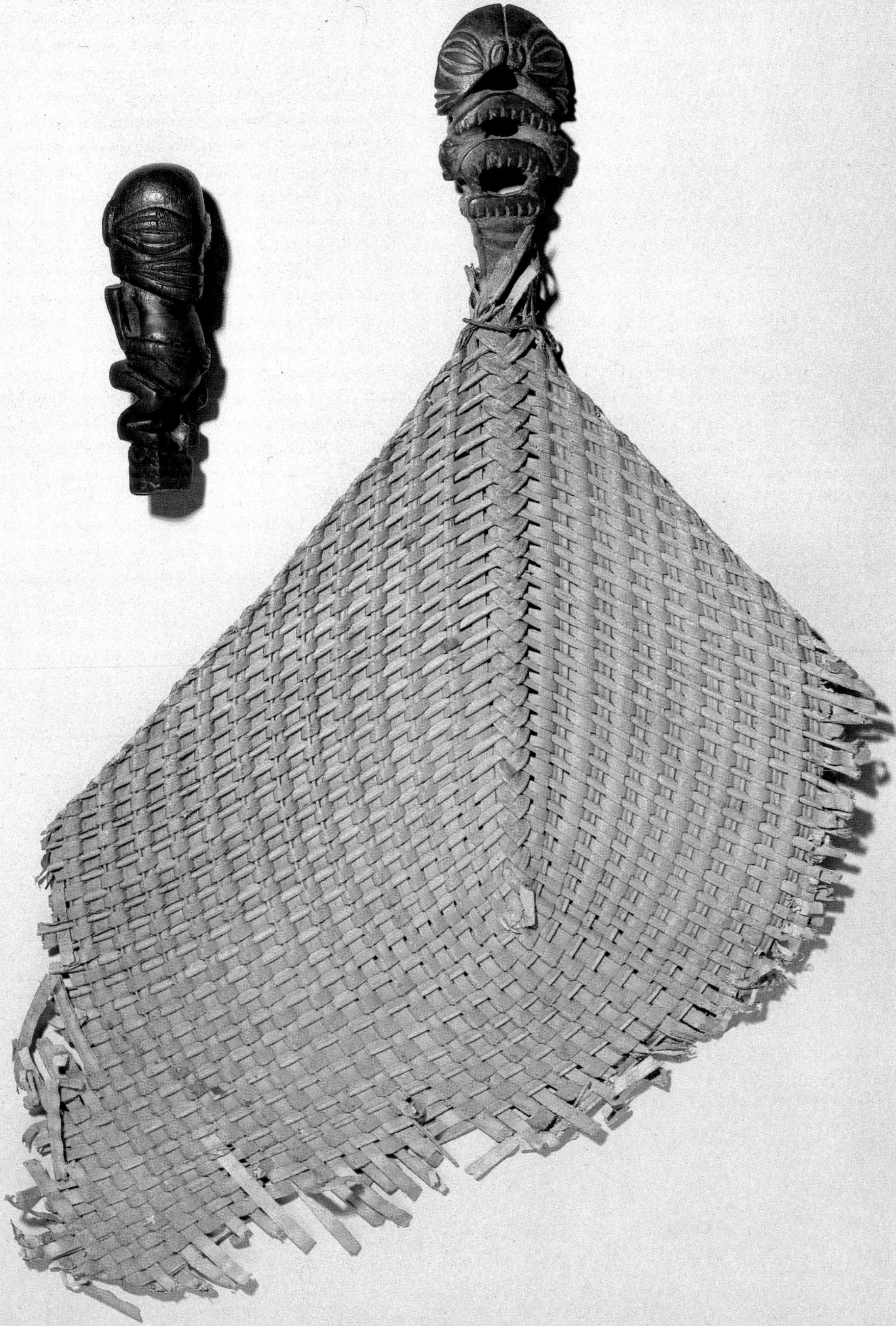

85 Vier Ansichten eines Doppelbildfächers. Englisch, ca. 1820, 15 cm (CSK, 7. November 1974, Los 23, 100 Gns.).

7 Kuriositäten und Federfächer

Kuriositäten

Im allgemeinen tauchen Neuheiten- und Überraschungsfächer in größerer Zahl erst in der zweiten Hälfte des behandelten Zeitabschnitts auf. Der Grund ist natürlich, daß diese Fächer mehr als amüsante Geschenke denn als dauerhafte Wertgegenstände gedacht waren – wenngleich das nicht immer zutraf.

Doppelbildfächer

Die frühesten Fächer dieser Art sind Doppelbildfächer oder Überraschungsfächer (Surprisefächer). Ein schönes Exemplar befindet sich in den Musées Royaux d'Art et d'Histoire, Brüssel (7768–1944), bemalt mit klassischen Szenen und Blumen auf dunklem Grund, mit Schildpattstäben, wahrscheinlich französisch, ca. 1700. Ein viel einfacheres, späteres Exemplar, mit Figuren in einer Landschaft bemalt (ca. 1770), wurde bei CSK in der Sammlung Baldwin verkauft, 4. Mai 1978, Los 54, £240. Wenn man den Fächer auf normale Weise öffnet, sieht man eine Dame und einen Herrn in einem Garten sitzen; anders geöffnet, erscheint ein Geldverleiher und auf der Rückseite eine Vignette. Manche Fächer verbergen vier verschiedene Ansichten, wie der Parasolfächer im Wisbech Museum, der ausführlicher im Abschnitt ›Parasolfächer‹ beschrieben wird: Der Trick besteht darin, daß jeder Stab eine Doppelfalte trägt und je nachdem, in welcher Richtung der Fächer geöffnet wird, ein anderes Bild erscheint. Diese Methode wurde auch benutzt, um erotische Szenen zu verbergen, so bei Mr. Martin Willcocks Fächer (abgebildet bei Gostelow, Fig. 106, und in *Fans from the East*, Tafel 1 – chinesisch, spätes 19. Jahrhundert), auch als *double-entente*-Fächer bekannt: Öffnet man ihn wie üblich nach rechts, so erscheint eine Dame mit Gefolge in einem Garten, öffnet man ihn aber nach links, so werden erotische Szenen enthüllt (wie auch CSK, 31. Januar 1980, Los 85).

Auch Briséefächer können Doppelbildfächer sein. Bei diesen täuscht die Breite der Blätter – sie überlappen sich zur Hälfte, so daß jeweils das halbe Bild auf je eine Stabhälfte gemalt ist, und je nachdem wie man den Fächer öffnet, zeigen sich unterschiedliche Szenen. Sie erschienen zuerst in England auf Sandelholz-Briséefächern in den Jahren 1780–1800. Die Szenen sind häufig applizierte Stiche in Punktiermanier und sind oft von hübschen grün und rosa gestreiften Bändern durchzogen. Um etwa 1820 tauchte dann eine reizvolle Gruppe von durchbrochenen Elfenbein- oder Horn-Briséefächern auf, wahrscheinlich auch englisch; sie zeigen bunt gemalte idyllische Szenen auf einer Scheibe in der Mitte des Fächers, z.B. Blumenkörbe, einen Jäger oder Kinder (CSK, 23. Oktober 1979, Los 35, £180, siehe Farbtafel 85). Wie die vorhergehenden Fächer gleichen sie völlig normalen Fächern der Periode, sind jedoch Überraschungsfächer, die den unerfahrenen Sammler irreführen können, so daß er sie leicht übersieht.

Bewegliche Stäbe

Bei der nächsten Gruppe von Überraschungsfächern geht es mehr um die Stäbe als um die Blätter. Um 1770 gibt es eine sehr seltene Gruppe, wahrscheinlich in Deutschland oder vielleicht in Frankreich hergestellt, mit beweglichen Deckstäben: Ein Metallhebel ist geschickt unter der Rocaille versteckt, und wenn er hinauf- oder hintergeschoben wird, bewegt sich das Stück des Gestelles auf oder ab und enthüllt verschiedene Gesichter oder, wenn gegliedert, auch Figuren, die winken oder Blumensträuße anbieten (CSK, 29. Juli 1976, Los 34, £140; Christie's, 14. Juli

86 Durchbrochener Doppelbild-Briséefächer aus Horn, bemalt mit Blumenkorb und anderen Vignetten. Ca. 1815, 15½ cm.

1969, Los 94, 85 Gns., und 21. Oktober 1970, Los 302, 220 Gns.). Es gibt auch einen solchen Fächer im Victoria & Albert Museum, bei dem an einem lackierten Schieber drei Frauenköpfe gegen drei Männerköpfe ausgetauscht werden können, wahrscheinlich derselbe Fächer, der in der Karlsruher Ausstellung von 1880 zu sehen war (S. 11, Sammlung Ihrer Königl. Hoheit Erbgroßherzogin Pauline von Sachsen-Weimar).
Ein anderes Exemplar wurde bei CSK, Sammlung Baldwin, 4. Mai 1978, Los 98 (£800, siehe Farbtafel 87), verkauft: Ein gegliederter Fächer, zur Feier der Geburt des Dauphin (1781) – die Hebel heben einen Amor und das gekrönte Wappenschild Frankreichs in die Höhe.

Es gibt auch einen Überraschungs- und Rätselfächer, wahrscheinlich chinesisch, ca. 1780, in dessen Elfenbeindeckstäbe kleine Rinnen oder Bahnen eingeschnitzt sind, in denen Elfenbeinbällchen auf und nieder rollen, wenn man den Fächer auf und ab bewegt (CSK, 27. Mai 1976, Los 7, £40).

Geschnitzte Stäbe

Ein weiterer Typ, der eigentlich in die Rokokoperiode gehört und in Kapitel 2 behandelt wurde, sind speziell spanische und portugiesische Fächer des 18. Jahrhunderts, deren geschnitzte Griffe bei geschlossenem Fächer kunstvolle Muscheln, Sonnenblumen etc. bilden. Bei spanischen Fächern (oder vielmehr Fächern für den spanischen Markt) und portugiesischen Fächern setzt sich die Schnitzerei an der Seite des geschlossenen Fächers wie eine Kantenmalerei fort (siehe Abbildung 40).

Gucklöcher

Bei einigen Exemplaren sind die Gucklöcher die Augen einer Maske. Es gibt eine interessante Gruppe von gedruckten Fächern, ca. 1740, von denen einige, darunter Los 18 aus der Sammlung Baldwin, Abbildung 49, bekannt sind; eine weitere Gruppe befindet sich in der Boston Art Gallery und die dritte in einer Privatsammlung. Diese Fächer zeigen ein Gesicht, umgeben von Szenen aus dem spanischen Leben, u. a. einen Fächerladen und einen Musikladen. Da zwei dieser Fächer und der bemalte im Metropolitan Museum of Art alle aus Amerika kommen, könnte man annehmen, daß sie trotz des englischen Fächerexports nach Spanien tatsächlich für den *Asiento,* das alljährliche Exportschiff nach Spanisch-Amerika, bestimmt waren, wie es im Vertrag von Utrecht 1713 festgelegt war.

Von ca. 1760 an erschienen Fächer, in deren Blätter Netzgucklöcher eingesetzt sind (Christie's, 27. Mai 1970, Los 258, 22 Gns.), teils zur Zierde, teils als nützliche Kuriosität. Gucklöcher sind gewöhnlich als Bestandteil des Entwurfs getarnt, wie auf einigen Schweizer Fächern aus Winterthur (siehe Abbildung 45).

87 Fächer mit beweglichen Deckstäben, der die Geburt des Dauphin feiert, das Seidenblatt bemalt mit dem Dauphin in einer Wiege, von einem Engel bewacht, auf beiden Seiten Vignetten mit Putten, auf Delphinen reitend, und Büsten der Eltern; Umrandung bemalt mit Blumen und Delphinen, verziert mit Bändern und Flitter, mit der Inschrift ›Vive le Roy, la Reine et Monseigneur le Dauphin‹; Elfenbeinstäbe geschnitzt, durchbrochen und bemalt mit dem Dauphin und seiner Amme, Fleur-de-lys und Delphinen; Deckstäbe mit Spiegeln besetzt und geschnitzt mit Delphinen, die Hebel verbergen, welche, in Bewegung gesetzt, die Figur Amors und das gekrönte Wappen Frankreichs in die Höhe heben. Französisch, ca. 1781, 28 cm.

Eine Variante aus der Zeit der Königin Viktoria wurde bei Christie's am 9. April 1974 (Los 26, 32 Gns.) verkauft. Es handelt sich um einen Maskeradefächer, das Netzblatt zeigt eine Maske, die hölzernen Deckstäbe sind mit einem Spiegel und einem Behälter für Schere, Stiefelhaken und Bleistift versehen (von W. Thornhill & Co., ca. 30 cm, um 1880).

Es gibt auch noch einen anderen, ebenso gut ausgestatteten Fächer, wenn auch ohne Maske, patentiert von W. Thornhill, um 1895, abgebildet in Mrs. de Vere Greens Sammlung. Die dicken hölzernen Deckstäbe enthalten verborgene Abteile, mit einem Kamm und Maniküregeräten auf der einen und Nähzeug mitsamt Schere auf der anderen Seite, und der Fingerhut in der Quaste hängt von der Niete herunter – sehr praktisch bei gelegentlichen Reparaturen! Eine Photographie zeigt auch einen Elfenbein-Briséefächer mit Spiegel und Puderdose im selben Deckstab. Man findet oft einen Spiegel auf Deckstäbe von Fächern montiert, besonders bei spanischen lithographischen Fächern aus der Mitte des 19. Jahrhunderts. Rimmels Cassolette-Fächer hat einen Behälter für Rouge an den Deckstäben (Kat. Nr. 217, *The World of the Fan*, Harris Museum, 1976). Ein seltener Fächer aus dem 18. Jahrhundert, der bei Sotheby's Belgravia am 5. Juli 1979 verkauft wurde, hat ein Geheimfach im Deckstab.

Doch kehren wir zu den Gucklöchern zurück. Es gibt ein Exemplar von Gucklöchern in den Perlmutterstäben eines in Punktiermanier gestochenen Fächers (siehe Mrs. de Vere Greens Buch, Tafel 39). Später, um 1820, wurden Gucklöcher manchmal im Stift von Fächern untergebracht, oft bei Briséefächern, manchmal bei Parasol-Bri-

88 Fächer, das Blatt bedruckt mit einer klassischen Szene; Elfenbeinstäbe durchbrochen, mit einer Uhr von Upjohn, die in den Stift eingesetzt ist.

séefächern. Im 19. Jahrhundert findet man sogar Operngläser am Niet eines Fächers befestigt (siehe Mrs. de Vere Green, Tafel 42). Nr. 225 in der Ausstellung *The World of the Fan* im Harris Museum ist ein ähnlicher Fächer (ca. 1885). Zwischen 1760 und 1790 erscheint eine Flut von Fächern mit Kuriositäten in den Stiften oder Deckstäben, wie etwa der prächtige Fächer von ca. 1755 mit einer juwelenbesetzten Uhr von Upjohn of London, signiert Nr. 248, als Stift (750 Gns., siehe Abbildung 88) und ein ähnlicher Fächer aus der Sammlung der Dowager Marchioness of Bristol, Abbildung bei Woolliscroft Rhead (Tafel 153). Die Deckstäbe dieser Fächer sind auch mit Juwelen besetzt, als ob sie bei Hof benutzt worden wären. Die großartigsten Hoffächer dieser Periode hatten juwelenbesetzte Deckstäbe, da es in Gegenwart der königlichen Familie üblich war, die Fächer geschlossen zu halten, und die mit Juwelen besetzten Deckstäbe einen prächtigen Anblick boten (Christie's, 7. November 1973, Los 19, 420 Gns., siehe Farbtafel 89). Nr. 227 in der Ausstellung *The World of the Fan* war ein Beispiel für eine Uhr auf einem Fächer aus der Zeit Eduards VII. – ein Straußenfederfächer mit einer Uhr auf dem Deckstab.

89 *Hoffächer, das Papierblatt bemalt mit Königin und einem Helden, Rückseite mit Dame und Amor; Elfenbeinstäbe durchbrochen, besetzt mit rosenfarbigen Diamanten, Saphiren, Rubinen und Smaragden. Englisch, ca. 1760, 30,5 cm, in Originalbehälter, mit Haifischhaut gefüttert.*

Ein amüsanter Fächer im Museum von Bordeaux hat ein Thermometer in den Deckstab eingelassen, um die Glut der Leidenschaften zu messen (ähnlich den modernen ›Leidenschaftsmessern‹, bei denen man eine Phiole umfaßt, deren Inhalt die Farbe wechselt, wenn die Hand heiß genug ist); ein ähnlicher Fächer wurde bei CSK, 17. Juli 1979 (Los 150, £700, siehe Farbtafel 90), verkauft.

Teleskopfächer

Teleskopfächer tauchen zuerst in der Mitte des 18. Jahrhunderts auf. Diese Fächer haben Papierblätter, die nur leicht auf den Spitzen der Stäbe sitzen. Sie brauchen dicke doppelte Bespannungen, und somit verrät sie schon ihr etwas klobiges Aussehen. Ein solches Exemplar wurde bei Christie's, 12. März 1973, Los 88, 120 Gns., verkauft, ein Teleskopfächer, bemalt mit einer Jahrmarktsszene, mit Elfenbeinstäben und einem Öffnungsradius von 16–27 cm (französisch, ca. 1760); ein anderer (Los 93 in der gleichen Auktion, siehe Abbildung 91) in seinem ursprünglichen kurzen Behälter von Clarke. Es handelt sich hier zumeist um Fächer in grober Maltechnik und mit einfachen Elfenbeinstäben. Um sie zusammenzuschieben, schließt man sie leicht, hält sie am Griff und schiebt vorsichtig das Blatt nach unten (*sehr* vorsichtig, da sie im Laufe der Zeit oft aus der Form geraten sind); das Blatt kommt dann nach unten und verdeckt etwa die Hälfte der Länge der Stäbe, und das Ergebnis ist ein ordentlich geschlossener Fächer, ziemlich umfangreich, aber etwa so lang wie ein kleiner Briséefächer, der bequem in eine Reisetasche paßt. Diese Tele-

90 Fächer, das Blatt bemalt mit den Künsten, Rückseite mit blühendem Baum; Elfenbeinstäbe bedruckt mit weiteren Vignetten, die Künste darstellend; Deckstäbe reich geschnitzt in Hochrelief mit Putten, Globen und anderen astrologischen Instrumenten, ein Deckstab besetzt mit Celsiusthermometer. Englisch, 1778, 28 cm.

91 Teleskopfächer, das Stoffblatt mit Blumenschmuck bemalt, mit Elfenbeinstäben. In zeitgenössischem sechseckigem Etui von Clarke (photographiert in geöffnetem, aber nicht ausgezogenem Zustand, um zu zeigen, wie merkwürdig Teleskopfächer aussehen, wenn sie nicht ausgezogen sind; Sammlung des Hon. C. A. Lennox-Boyd).

skopfächer tauchen immer mit ihren unverkennbaren kurzen Behältern auf, so daß man sie sofort erkennt (Christie's, 12. März 1973, Los 93, 105 Gns., siehe Farbtafel 91). Einer dieser Fächer muß jemanden in die Hände gefallen sein, der nichts davon verstand, ihn öffnete und in diesem Zustand mit Leim fixierte. Außerdem gibt es noch lithographische Varianten von Modellen der 1840er Jahre sowie einfache Stoffexemplare etwas späteren Datums; einzelne Exemplare entsprechen den in der Zeit um die Jahrhundertwende gefertigten Handtaschen.

Cabrioletfächer

In den Jahren 1760–70 waren Cabrioletfächer in Frankreich beliebt. Sie waren nach den kleinen englischen Cabrioletwagen benannt, die um diese Zeit modern waren; ihre Doppelblätter und Stäbe hatten Ähnlichkeit mit der ringförmigen Speichenverstärkung eines großen Cabrioletrades; davon sind sehr schöne Exemplare erhalten. Ein Cabriolet ist oft Bestandteil des Entwurfes (CSK, 29. Juli 1976, Los 36, £560; dieser Fächer hat auch eine Vorderkantenmalerei mit einem Dudelsack, eine große Rarität). Cabrioletfächer sind sehr gesucht in der Sammlerwelt. Sie verschwanden zusammen mit dem Cabriolet, tauchten aber im 19. Jahrhundert wieder auf; es gibt Exemplare aus Kanton (siehe Farbtafel 80) und auch lithographische Fächer.

Im späten 18. Jahrhundert gibt es einige seltene französische Royalistenfächer. Einer ist mit einem Amor bemalt und hat eine Laterna magica, die das Bild eines Stiefmütterchens auf die Leinwand wirft. Wenn man ihn aber gegen das Licht hält, erscheint das verborgene Porträt von Lud-

92 Elfenbein-Briséefächer, geschnitzt in Form eines Pfeiles, die Spitzen verziert mit dem Altar der Liebe, Vögeln und Blumen, appliziert mit Federn, Seide und Samt. Frühes 19. Jahrhundert, 17 cm (CSK, 23. Oktober 1979, Los 141, £110).

93 Fächer, das Blatt bemalt mit eleganten Vogelfängern, die auf einem Hügel sitzen, mit einem See im Hintergrund; Elfenbeinstäbe mit erotischen Symbolen bedruckt, clouté mit Perlmutter und Inschriften mit erotischen Mottos. Wallonisch, ca. 1760, 25 cm.

wig XVI. mit Marie Antoinette und dem Dauphin: Das Stiefmütterchen ist ein Transparent (siehe Karlsruher Ausstellungskatalog, Abbildung 13 – Sammlung von Frau E. Fuset). Ein ähnlicher Fächer befindet sich in der Sammlung Schreiber (S.M. 123) – ›Le Songe‹, der Traum: Eine Frau schläft neben einem Grab in einem Felsenfriedhof, aber wenn man den Fächer gegen das Licht hält, steht die Gestalt Ludwigs XVI. auf dem Grab. Einer der Bastillefächer in der Sammlung Schreiber zeigt auf seinen geschnitzten und durchbrochenen hölzernen Deckstäben eine vereinfachte Darstellung der Bastille.

Um etwa 1820 gab es einen Elfenbein-Briséefächer, der geschnitzt war und, wenn er geschlossen war, die Form eines Pfeiles hatte (CSK, 19. August 1976, £38).

Zwei amüsante Fächer aus dem späten 19. Jahrhundert wurden bei CSK im Jahre 1977 und bei Sotheby's Belgravia im Jahre 1979 verkauft. Die Stäbe des einen ergaben zusammengefaltet einen Polizisten, die des anderen einen Clown. Entfaltet man den Fächer, so tritt an die Stelle des Polizisten sein Schatten und eine Schar von Buben, die über eine Mauer fliehen; die Rückseite zeigt die andere Seite der Mauer, von der die Buben herunterpurzeln (siehe Abbildung 70). Eine ähnliche Idee findet sich auf gewissen chinesischen Gucklochfächern des 18. Jahrhunderts (siehe Farbtafel 77), deren Gucklöcher Fenster sind und deren Bilder Innen- und Außenansichten zeigen. Diese amüsante Idee begegnet uns auch auf anderen Fächern des späten 19. und frühen 20. Jahrhunderts – es gibt einige gute Exemplare von Duvelleroy im Victoria & Albert Museum.

Erté (Romain de Tirtoff, geb. 1892) entwarf einige merkwürdige Fächer, von denen zwei in

Harper's Bazaar (Februar 1922) erschienen; sie sind beide in langen Quasten versteckt, die vom Handgelenk herunterhängen. Der eine entfaltet sich zu einem Briséefächer aus Lackholz mit herunterhängenden buntfarbigen Seidensträhnen, der andere ist aus Jettperlen. Die Schlußvignette zum Vorwort seiner Selbstbiographie *Erté Fashion* (1972) ist ein Federparasolfächer, der sich zum Sonnenschirm weitet: Drückt man einen Hebel an dem langen Griff, so drehen sich die Federn in die Horizontale.

Von 1780 bis ungefähr 1800 wurden gedruckte Fächer, wie sie in Kapitel 4 ausführlicher beschrieben sind, sehr häufig als Modefächer gestaltet, zum Beispiel ›L'Oracle‹, der Horoskopfächer mit einem elfenbeinernen pfeilförmigen Zeiger, und etliche Rätselfächer (S.M. 202, 203, 204, 205, 206 und 207); einer wurde von Sarah Ashton im Jahre 1794 herausgebracht. Solche Fächer wurden auch in Frankreich hergestellt (siehe Abbildung 52), manche mit Rebusrätseln; S.M. 154 ist ein handkolorierter Stich, ›Charades Nouvelles‹, gestochen von Benizy.

Scherzfächer wie ›Fanology‹ (S.M. 125 und S.E. 98, 99; 1797) entzückten spätere Fächersammler; Duvelleroy veröffentlichte sogar ein Blatt ›Die Fächersprache‹ (siehe Gostelow, Fig. 43), und Addison bringt im *Spectator* 102, 27. Juni 1711, die satirische Beschreibung einer imaginären Akademie zur Ausbildung der Jugend im Gebrauch des Fächers. Mit Vernunft gebraucht, sind diese Vorschläge sinnvoll, denn es ist wichtig, einen Fächer mit Grazie zu handhaben – die heutige Generation ist freilich außer Übung.

Einige Fächer haben amüsante Details auf ihren Stäben, wie etwa zwei reizende flämische Fächer, deren Elfenbeinstäbe mit erotischen Motiven und Vignetten bemalt sind (CSK, Sammlung Baldwin, 4. Mai 1978, Los 13, £320, siehe Abb. 93; der andere ist im Musée des Arts Décoratifs, Paris, siehe Gostelow, Fig. 49).

Parasol- und Kokardefächer

Das Wisbech Museum besitzt einen sehr seltenen, wahrscheinlich einzigartigen Doppelbild-Parasolfächer; er ist vermutlich flämisch und stammt aus dem frühen 18. Jahrhundert. Die Leinenblätter sind in vier Abschnitte aufgeteilt und bemalt: Auf dem ersten sieht man in kräftigen Farben verkrüppelte Bettler, auf dem zweiten Szenen mit Göttern und Göttinnen, gleichfalls in lebhaften Farben; der dritte Abschnitt zeigt einfarbig braun Amor und andere Figuren, die in verschiedenen Landschaften sowie auf Hügeln stehen und Symbole von Göttern tragen; auf dem letzten erscheinen ähnliche Figuren, einfarbig blau, mit Symbolen der Künste und des Weinbaus. Die Stäbe sind aus Elfenbein, die starken Deckstäbe aus durchbrochenem, bemaltem Holz, einer mit einem runden Spiegel. Sachverständige des Victoria & Albert Museums (an das der Fächer gegenwärtig ausgeliehen ist) meinen, daß er ein Weihnachts- oder Geburtstagsgeschenk für jemanden gewesen sein könnte, der zu der Zeit geboren wurde, als Saturn der vorherrschende Planet war, hier durch Armut und Entstellung versinnbildlicht.

Um etwa 1880 gibt es eine Gruppe von Kokarde- oder Parasolfächern von sehr geringer Qualität, die sich manchmal nur bis zum Halbkreis öffnen lassen. Sie sind auch als Dolchfächer bekannt, da die Kokarde in einer spatelförmigen hölzernen Scheide aufbewahrt ist. An beiden Enden sind Schnüre. Um den Fächer zu öffnen, zieht man an der oberen Schnur, und schon entfaltet sich der Fächer – um ihn wieder zu schließen, zieht man an der unteren Schnur, und der Fächer schlüpft an seinen Platz zurück. Das Etui trägt oft die Inschrift ›Ricordo‹ und hat einen Spiegel auf der Seite. Im Januar 1980 verkaufte CSK ein viel schöneres Exemplar (Los 79, ca. 1840).

Ein anderer Typ entfaltet sich aus mit Samt oder Wachstuch bespannten Deckstäben, wie manche Weihnachtsdekorationen.

Mehrfach-Parasolfächer kommen auch vor. Einer mit nicht weniger als vier Parasolen oder Kokarden an Stäben von abnehmender Größe wurde bei CSK, 17. Mai 1979, Los 66, £40, verkauft – er soll aus dem Zululand stammen.

Es gibt noch andere fantasievolle Typen von Parasolfächern. Einer von B. Days, Snow Hill, Birmingham (CSK, 26. Januar 1977) entfaltet sich zu gotischen Kerzenleuchter-Ornamenten – wie jene, die A. W. N. Pugin in *Contrasts* ablehnte. Es gibt auch einige Varianten aus dem späten 18. Jahrhundert aus grüner Seide mit geschweiften Holz- und Elfenbeingriffen und auch Kantonfächer aus durchbrochenem Elfenbein, die manchmal mit ihren eigenen Hängeschachteln auftauchen (siehe Mrs. de Vere Greens Buch, Tafel 15 und 16). CSK verkaufte mehrere französische Fächer, die mit Stoffblumen verziert waren, welche sich kreisförmig zu einem Strauß entfalteten (siehe Abbildung 94).

Fächer von ungewöhnlicher Größe

Puppenfächer

Von ungefähr 1870 bis 1890 wurden in Paris teure Puppen mit Biskuitporzellanköpfen und kompletter Ausstattung an Erwachsenenkleidung in Koffern hergestellt. Die Ausstattung enthielt meistens einen Fächer aus Elfenbein, Horn-Brisée oder Satin mit bemalten etwa 2½ cm langen Elfenbein- oder Hornstäben. Es gibt auch etwas längere Fächer, oft lithographischer Art. Sie stammen aus der Zeit um die Jahrhundertwende, sind Miniaturfächer und vermutlich für Kinder bestimmt. Sie kommen oft von Duvelleroy und anderen bekannten Fächermachern. Vielleicht wurden sie als Geschenke an Kinder von Kunden gegeben, um die Mütter zu animieren, die teuren Fächer zu kaufen. Die Miniaturfächer sind alle ziemlich selten und sehr gesucht. Bei diesen Typen müssen die Fächersammler natürlich mit eifrigen Puppensammlern konkurrieren. Kleine Fächer für Kinder sind vermutlich auch im 18. Jahrhundert hergestellt worden.

Riesenfächer

Riesenfächer wurden zwischen 1740 und 1790 auch in Frankreich hergestellt, vor allem aus dekoriertem Papier, obwohl einige auch gedruckt waren; sie hatten alle hölzerne Stäbe, gelegentlich bemalt. Sie tauchten wieder um 1880 auf und wurden von den Ästheten manchmal als Feuerschirme verwendet (siehe Abbildung des Hauses von Norman Shaw in Mark Girouards Buch *Sweetness and Light*). Ein anderer Riesenfächer befindet sich in der Sammlung I. K. H. der Königin in Osborne House – er ist 68 cm lang, hat einen Durchmesser von 147 cm und war von Königin Viktorias Enkelin Ella von Hessen (siehe Gostelow, Fig. 80) mit Rosen bemalt worden. Es gibt auch japanische Riesenfächer aus dieser Zeit, von denen einige Exemplare bei CSK verkauft worden sind.

Es existiert ferner ein Riesenfächer in der Sammlung Messel, und zwei andere sind auf einer Ende des 19. Jahrhunderts aufgenommenen Photographie von M. Hervé Hoguets *Eventailliste*-Laden (siehe Mary Gostelow, Fig. 97) zu erkennen.

Ein anderer kleiner Fächertyp ist der Tanzprogramm-Fächer, manchmal ein Elfenbein-Briséefächer mit einem Bleistift in einem der Deckstäbe. Ein Exemplar aus der Zeit um 1860 befindet

94 Fächer, das Blatt mit seidenen Veilchen geschmückt, die bemalten hölzernen Stäbe sind kreisförmig in Gestalt eines Veilchenstraußes gefaltet; signiert mit Adresse, möglicherweise Av. de l'Opéra. Französisch, vermutlich auf der Pariser Weltausstellung von 1900 gekauft, 18 cm (CSK, 23. Oktober 1979, Los 10, £55).

95 Der Schmetterlingsfächer, Gazeflügel gelb und orange
bemalt mit malvenfarbigen Adern und einigen Gold- und Sil-
berstrichen, mit schwarzem Zinngriff. 58½ cm breit, 46 cm
lang, in originaler Pappschachtel (CSK, 17. Juli 1979,
Los 153, £210).

sich im Letchworth Museum – es ist ca. 6 cm lang, und ein metallener Korkenzieher an einem Deckstab hält den Bleistift; eine Goldkette und ein Ring, die am Stift befestigt sind, hängen am Finger der Tänzerin. Wenn die Dame zum Tanz aufgefordert wurde, wurden die Blätter vorher signiert.

Etwa um die gleiche Zeit wurden Briséefächer oft mit Autographen dekoriert, oft sogar mit Inschriften, Photographien und auch Illustrationen. Andere Briséefächer wurden mit Wappen verziert, die aus Briefköpfen und Briefumschlägen ausgeschnitten und an den Stäben angebracht wurden.

Ebenfalls modern in den siebziger Jahren war der Kalenderfächer (CSK, 13. Januar 1977, Los 19, £4), ein gedruckter Briséefächer. Dr. van Eeghen besitzt eine Schokoladedose in Form eines Fächers von P. Nieuwerkerk & Fils, Den Haag.

Ein höchst ungewöhnlicher Fächer wurde 1974 auf der Wanderausstellung von Musikinstrumenten des Victoria & Albert Museums gezeigt. Es ist ein Parasolfächer, 30 cm lang – der Griff ist wie eine Violine geformt – und gehörte M. Louis Clapisson (1808–1866), dem Premier Conservateur des Musée Instrumental du Conservatoire. Unter anderen Kuriositäten befanden sich als Fächer getarnte japanische Dolche (Christie's, Sammlung Bompas, 14. Juli 1969, Los 60), Briséefächer aus Wales aus Schiefer hergestellt (Welsh Folk Museum) und ein amerikanischer Weißblech-Fächer, gegossen, mit gefaltetem Blatt, wahrscheinlich Neu-England (Sotheby Parke Bernet, 3. Februar 1979, Los 1036, mit zwei anderen ähnlichen Stücken, $650).

Mrs. de Vere Green beschreibt Brisée- oder Surprise-Fächer als chinesische Erfindung. Der einfache Faltfächer läßt sich normalerweise von links nach rechts öffnen; wenn man ihn aber jemandem reicht, der ihn arglos von rechts nach links öffnet, zerfällt der Fächer in Stücke. Der Schlüssel zum Geheimnis liegt in der Art, wie das Blatt gefaltet ist. Es besteht aus ebenso vielen Stücken wie Stäbe vorhanden sind und ist so gefaltet, daß sich beim Öffnen nach rechts die Teile des Blattes miteinander verbinden; öffnet man aber den Fächer nach links, so findet keine Verbindung statt, und der Fächer zerfällt. Ein amerikanischer Fabrikant bot solche Fächer im Jahre 1880 für 20 Cents an. Eine moderne Variante aus Süd-Bali ist in *Fans from the East* (Tafel 45) abgebildet.

In *The Craftsman* vom Jahr 1784 war Edward Vaughans Erfindung eines Beschwörer-Fächers oder Glas-Zauberfächers angezeigt.

Mrs. de Vere Green hat noch einen anderen seltenen Typ entdeckt. Ein Exemplar ist in *Fan Leaves* (The Fan Guild), Tafel XXIV, abgebildet. Es handelt sich hier um einen Panoramafächer (französisch, ca. 1830), einen rechteckigen Handschirm mit einer ebensolchen Öffnung in der Mitte für das Panorama, das um Spindeln mit Elfenbeingriffen gewunden ist, die senkrecht in der Mitte des Fächers stehen. Kleine gedrechselte Knöpfe schauen unter dem Rand des Fächers an beiden Seiten des Griffes hervor – sie bewegen das Bild hin und her, je nachdem, wie sie gedreht werden.

Ein weiterer ungewöhnlicher Typ ist ein Dreh- oder Rollfächer japanischen Ursprungs, *Maki uchiwa* genannt. Ein dünner Bambusgriff ist fast der ganzen Länge nach mit einem Schlitz versehen, und in diesen Schlitz paßt das runde Blatt, das aus einer großen Anzahl dünner Bambusstreifen besteht, die derart auf einen Papier- oder Seidenhintergrund geklebt sind, daß das Blatt wie ein Vorhang aufgerollt werden kann. Das in den Griff eingepaßte Blatt wird in der Mitte von einem Stift festgehalten. Durch Drehung des Fächers um 90° kann man das Blatt um den Griff herumrollen und festbinden.

Ein anderer ungewöhnlicher Fächer, der von Mrs. de Vere Green erwähnt wird, ist aus hartem schwarzem Gummi. Wenn man die Griffe dreht, öffnet sich der Fächer zu einem Kreis von 24 cm Durchmesser. Er wurde von Henry B. Goodyear, dem Reifenmagnaten, im Jahre 1858 patentiert. Der Fächer hatte neun Blätter. Ein Exemplar ist in der Sammlung Doble, Boston, erhalten. Mrs. de Vere Green erwähnt auch ›The Pedal Zephyrion‹ (ca. 1878), einen Fächer, der an einer Stange auf einem Sockel mit Stehlampe und vorstehenden Pedalen befestigt ist (Figur 48). Eine Dame, die daneben sitzt und liest, kann sich, wenn sie auf die Pedale tritt, frische Luft zufächeln.

Eine bezaubernde englische Erfindung ist erhalten – ›Der Schmetterlingsfächer‹ (siehe Farbtafel 95, provisorisches Patent Nr. 14726). Drei Exemplare wurden bei Christie's, South Kensington, 17. Juli 1979, Lose 151–153, verkauft. Die Gazeflügel sind auf Drahtrahmen befestigt, der Griff bildet den Körper, und wenn man auf einen Hebel drückt, schließen sich die Flügel.

Federfächer

Ungefähr um das Jahr 1880 kamen Federfächer wieder in Mode. Bemalte Gänsefeder-Fächer aus Kanton waren natürlich in den Jahren 1830–1850 auf dem Markt gewesen, doch waren Federfächer seit dem 17. Jahrhundert in Europa nicht so sehr beliebt (siehe Handschirm in der Sammlung von Lady Rosse). Federfächer aus gekräuselten weißen Straußenfedern blieben als Debütantinnenfächer bei Hofe noch bis in die dreißiger Jahre des 20. Jahrhunderts in Gebrauch. Um 1890 bestanden Federfächer oft aus imitierten Vogelflügeln. Im 20. Jahrhundert wurden mehr und mehr Straußenfedern verwendet. Sie wurden aus Südafrika eingeführt, gekräuselt und je nach der Qualität des Fächers auf Schildpatt-, Perlmutter-, imitierte Bernstein-, Elfenbein oder Holzstäbe montiert. Viele sind in ihrem ursprünglichen Zustand in riesigen, mit Atlas ausgeschlagenen Behältern von Duvelleroy und anderen erhalten. In den Jahren 1920–1940 wurden sie in herrlichen Farben gefärbt, manchmal schattiert oder gestreift. Hin und wieder wurden zusätzlich Federn geschickt mit der Hand an den vorderen Spitzen der einzelnen Federn befestigt, was die Fächer ungeheuer lang machte und einen ›Wasserfalleffekt‹ bewirkte. Manchmal waren bei sehr teuren Fächern die Perlmutterstäbe blau, rosa oder gelb getönt, damit sie zu den gefärbten Federn paßten. Die Initialen der Besitzerin waren oft in Silber, Gold und gelegentlich in großen Diamanten auf einem der Deckstäbe angebracht.

Um 1890 gab es auch einige kleine Schildpatt-Briséefächer, an deren Enden Pfauen- und andere Federn angebracht waren. Sears, Roebuck & Co., ein Chicagoer Versandhaus im unteren Marktbereich, annoncierte in seinem Katalog von 1902: ›Nr. 18 R 989. Echter Straußenfederfächer, neue Größe, feine Qualitätsware, weiß emaillierte Stäbe. Überzeugen Sie sich von diesem einmaligen Sonderangebot zu ungewöhnlich günstigem Preis! Farben beige oder schwarz – Preis 83 Cents das Stück. Bei Postzustellung 5 Cents Porto.‹
Dieser Fächer ist von geringer Qualität, verglichen mit den schönen Exemplaren von Duvelleroy und anderen, die kürzlich auf dem Markt erschienen sind. In England annoncierte die Army and Navy Co-Operative Society im Jahre 1924 ›echte Straußenfederfächer‹ auf einzelnen Stielen, von 9 Schilling an.

Dito 5 Stäbe	24/–.
Dito 10 Stäbe	75/–.

Bei manchen billigeren Federfächern sind die Federn als einzelne Rosetten oder Kokarden an jedem Stab angebracht.
Ein anderer Typ von Federfächern, der auf dem Markt auftaucht, ist ein prächtiger Handschirm aus Federn in lebhaften Farben, überragt von einem Kolibri. Diese Fächer wurden Ende des 19. Jahrhunderts in Brasilien hergestellt und sind oft noch in ihren adressierten Originalpappschachteln aufbewahrt (siehe Farbtafel 96).

96 Handschirm, verziert mit Federn und ausgestopften Kolibris, mit Elfenbeingriff. Brasilien, spätes 19. Jahrhundert, in Originalschachtel mit Etikett (Sammlung des Hon. C. A. Lennox-Boyd).

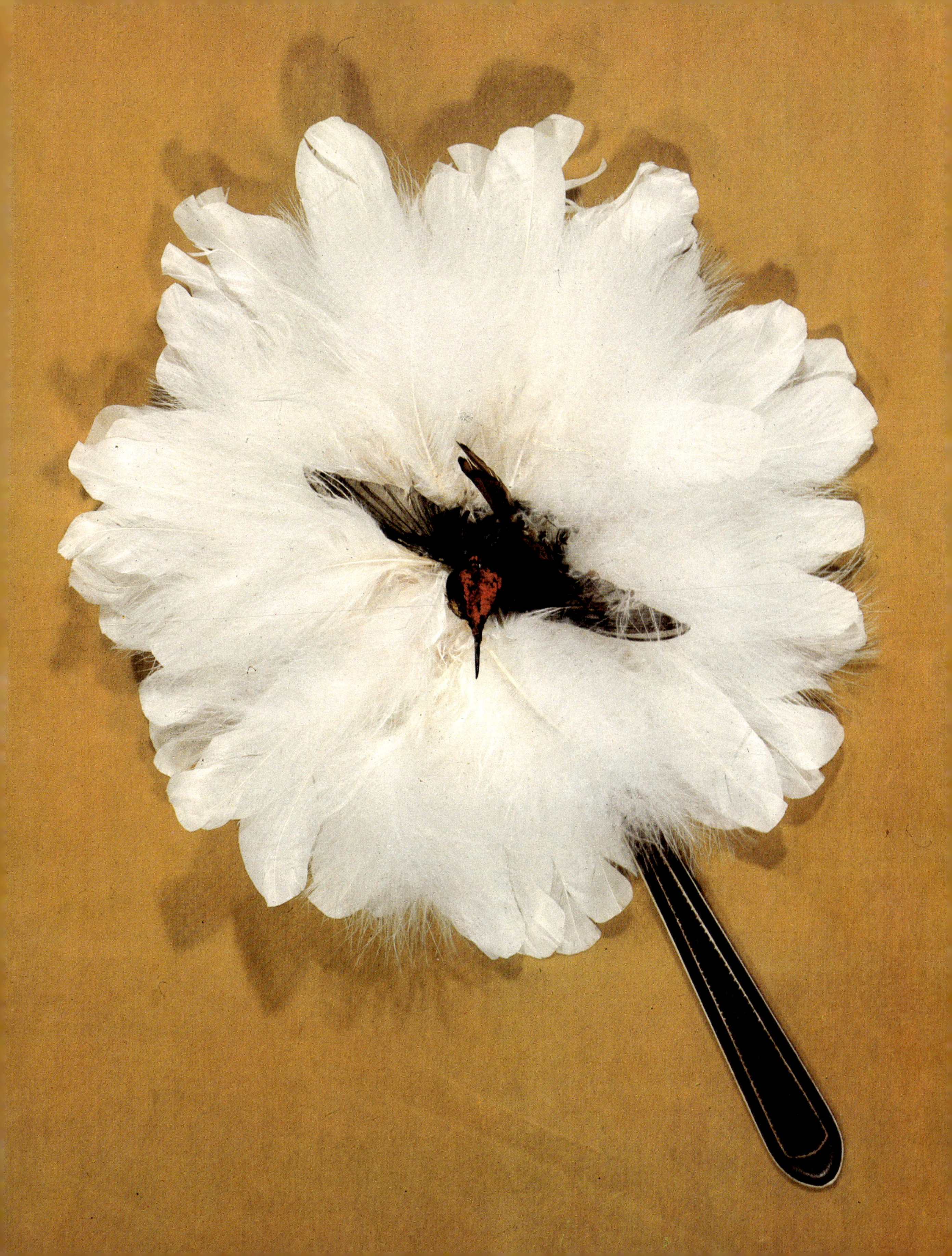

97 Fächer aus der Sammlung Walker. Hochzeitsfächer, das Papierblatt bemalt mit Kindern in einer Landschaft und Miniaturen eines Offiziers und seiner Dame, mit Elfenbeinstäben. Französisch, ca. 1770 (CSK, 11. Juni 1974, Los 30, £460).

8 Das Sammeln von Fächern

Es hat offenbar zwei Hauptperioden des Fächersammelns gegeben: In England und wohl auch in Deutschland und anderen europäischen Ländern waren es die Jahre von 1860 bis 1920, in Amerika und England die Jahre von 1920 bis 1940.

Die beiden berühmtesten Sammler der ersten Periode waren Mr. Robert Walker und Lady Charlotte Schreiber. Ihre prächtigen Sammlungen wurden beide katalogisiert: die von Walker für seine Ausstellung bei der *Fine Art Society* und für die Auktion bei Sotheby's im Jahre 1882 und die der Lady Charlotte von Lionel Cust, als sie im Jahre 1891 dem Britischen Museum vermacht wurde. Mr. Walker seinerseits hatte einen Teil seiner Sammlung von Sir Augustus Wollaston Franks vom Britischen Museum gekauft. Eine andere Fächersammlung aus dieser Periode, das Eigentum eines Adeligen, wurde bei CSK am 29. Juli 1976 verkauft.

Diese Sammlung bestand aus 59 herrlichen Fächern und löste eine neue Welle hoher Preise aus, als Los 59 – ein französischer Fächer etwa aus dem Jahre 1760 – für £960 verkauft wurde. Dieser sehr ungewöhnliche Fächer hatte ein Blatt, das völlig mit großen Perlmuttertafeln bedeckt war, welche mit Göttern, Sterblichen und Putten bemalt waren; die Elfenbeinstäbe waren geschnitzt und durchbrochen, aber nicht vergoldet. Es waren auch seltene Spitzenfächer aus dem 18. Jahrhundert und sechs Cabrioletfächer aus derselben Zeit vorhanden, die als sehr selten gelten. Auch interessante Chinoiserie- und chinesische Fächer gab es und einen amüsanten englischen Fächer von etwa 1755 mit Figuren, die in einem Irrgarten herumlaufen. Diese Sammlung stellte wirklich eine repräsentative Auswahl dar.

Andere Sammler, wie Lady Charlotte Schreiber (1812–1895), waren auf einen engeren Bereich spezialisiert. Ihre Sammlung war natürlich viel umfangreicher – siehe Kapitel 4 –, aber sie interessierte sich mehr für die Geschichte und die Thematik des einzelnen Fächers als für den ästhetischen Wert. Ein großer Teil ihrer Sammlung bestand aus unmontierten Blättern. Lady Charlotte, die in erster Ehe im Jahre 1833 Josiah John Guest, den späteren Gründer von Guest Keen & Nettlefold, heiratete und dann im Jahre 1855 den Hauslehrer ihrer Kinder, Charles Schreiber, war eine eifrige Sammlerin. Sie führte Tagebuch über ihre Sammlerreisen oder ›Jagden‹, wie sie sagte. Madeleine Ginsburg hielt 1979 im Britischen Museum für die Mitglieder des Fan Circle einen reizenden, amüsanten Vortrag über das Leben der Lady Charlotte.

Eine weitere ausgezeichnete Sammlung dieser Generation ist die von Sir Matthew Digby Wyatt, die die Grundlage der Sammlung des Victoria & Albert Museums bildet. Abgesehen von seinen maßgebenden Kenntnissen des mittelalterlichen Kunstgewerbes war Wyatt auch ein Fachmann auf dem Gebiet der industriellen Kunst; im Verein mit dem Prinzen Albert, Owen Jones und Henry Cole war er einer der führenden Geister der Ausstellung von 1851 und ein Mitgründer des Victoria & Albert Museums.

Eine andere Sammlung, die noch heute im Besitz der Familie ist, wurde von der Dowager Marchioness of Bristol angelegt. Darunter befindet sich ein herrlicher Fächer, bemalt mit Hektor und Andromache, mit juwelenbesetzten Deckstäben und einer in den Stift eingefügten Uhr, abgebildet bei Woolliscroft Rhead (Tafel 153).

Es ist oft schwierig, zu unterscheiden zwischen aristokratischen Sammlern wie Lady Bristol und Personen, die ein Interesse für Fächer bezeigen, die sie geerbt haben – aber unter den Fächerbesitzern, die mit Leihgaben zur Karlsruher Ausstellung von 1891 und zur Madrider Ausstellung von 1920 beigetragen hatten, war Mr. Marc Rosenberg wohl einer der wenigen, die ihre Sammlung von Anfang an geplant hatten.

Die Sammlungen der Nachkriegsgeneration sind nicht so gut bekannt. Die berühmteste Sammlung wurde von Leonard Messel angelegt und gehört heute seiner Tochter, der Countess of Rosse. Er hatte eine Vorliebe für orientalische Fächer, aber in seiner Sammlung befinden sich auch ein Micafächer aus dem 17. Jahrhundert und ein Handschirm aus dem frühen 17. Jahrhundert.
Die von Mrs. Baldwin aus Milwaukee angelegte Sammlung wurde von ihrer Tochter, Mrs. Pabst, bei Christie's, South Kensington, am 4. Mai 1978 verkauft; sie hatte schön bemalte Qualitätsfächer gekauft, und ihre Sammlung enthielt gute Gedächtnisfächer. Die Sammlung der Mrs. H. Bompas wurde bei Christie's am 14. Juli 1969 verkauft; in dieser Sammlung waren englische bedruckte Fächer des 18. Jahrhunderts sehr stark vertreten, darunter auch einige, die in Lady Charlotte Schreibers Sammlung nicht zu finden sind. Eine andere Sammlung, die zur Auktion kam, war die von der Duquesa de Marchena entweder angelegte oder geerbte; sie wurde von CSK im Oktober 1977 verkauft.
Die bedeutenden modernen Sammler sind fast alle Mitglieder des *Fan Circle,* der im Jahre 1975 in London gegründet wurde. Die Anschrift des Sekretariats (Honorary Secretary) ist: 24 Asmuns Hill, London NW11 6ET. Es gibt natürlich viele andere Fächersammler, aber ihre Sammlungen sind gewöhnlich von geringerem Umfang.
Zwischen 1880 und 1890 waren die Fächerpreise hoch, vergleichsweise wahrscheinlich noch höher als heutzutage, aber um 1920 fielen die Preise, und erst in den letzten fünf Jahren bringen Fächer wieder Preise ein wie bei Mr. Robert Walkers Auktion im Jahre 1882. Die Herkunft ist ebenfalls wichtig – der Nimbus eines Besitzers aus der Welt des kgl. Hofes oder des Theaters erhöht den Preis immer beachtlich.

Was sollte ein neuer Sammler kaufen?

Ich würde vorschlagen, man sollte sich erst bei einigen Auktionen umschauen, bevor man den entscheidenden Schritt tut. Da es sehr viel Geld kostet, eine umfassende Sammlung aller Typen und Perioden anzulegen, ist es ratsam, daß der Sammler sich auf ein Thema spezialisiert. Aber auf welches Thema? Es wäre nicht lohnend und zudem sehr teuer, sich auf Ballonfächer zu spezialisieren, da hier auch Ballonsammler auftauchen. Es ist ebensowenig empfehlenswert, ein Gebiet zu wählen, auf dem schon eine Menge Sammler tätig sind; dadurch steigen oft die Preise, ohne daß der neue Sammler in den Besitz vieler Fächer gelangt. Ein solches Gebiet sind frühe bedruckte Fächer. Es gibt nicht genug Exemplare, um die bereits vorhandenen Sammler zu befriedigen. Der Sammler sollte auch vermeiden, sich auf ein sehr seltenes Gebiet wie z. B. Micafächer zu spezialisieren: Nur zwei sind in den letzten zehn Jahren auf den Markt gekommen, und nur eine geringe Anzahl anderer ist bekannt.

Wenn der Sammler sich eine kleine, aber wertvolle Sammlung anlegen will, sollte er vielleicht Cabrioletfächer, Spitzenfächer oder *trompe-l'œil*-Fächer des 18. Jahrhunderts oder frühe Gedächtnisfächer sammeln. Wenn man auf eine große reizvolle Sammlung abzielt, sollte man hübsche bemalte Fächer des 18. Jahrhunderts von geringerer Bedeutung, schöne Exemplare aus dem späten 19. Jahrhundert oder lithographische Fächer aus der Mitte des 19. Jahrhunderts in Betracht ziehen.

Es ist ratsam, keine beschädigten Fächer zu kaufen, bevor man einige Kenntnisse erworben hat. Wenn ein beschädigter Fächer bei der Auktion wenig Geld kostet, kann man ihn wahrscheinlich schwer wieder absetzen, wenn ein besseres Exemplar auftaucht. Falls aber ein beschädigter Fächer einen hohen Preis erzielt, bedeutet das vermutlich, daß ein spezialisierter Sammler ein seltenes Exemplar gefunden hat.

Ein erfahrener Sammler mag in der Lage sein, seine eigenen Fächer zu reparieren oder zu reinigen, dem Anfänger aber ist davon dringlich abzuraten. Spezialabteilungen der Museen sind bereit, Rat zu erteilen. Sogar neue. Borten können Schwierigkeiten machen. Es ist nicht leicht, schmale Borten zu finden, doch können Mitglieder des *Fan Circle* chinesische Borten bei einem Londoner Großhändler bestellen. Fächersammeln ist eine Leidenschaft, die kein Ende hat – zum Glück für Sammler wie für Händler und Auktionatoren.

Liste von Museen und Sammlungen

Österreich
Museum für Völkerkunde, Ringstraßentrakt, Neue Burg, 1014 Wien (ethnographisch)
Österreichisches Museum für Angewandte Kunst, Stubenring 5, 1010 Wien (Figdor Collection)

Belgien
Musées Royaux d'Art et d'Histoire, 10 Parc du Cinquantenaire, 1040 Brüssel

Frankreich
Musée des Arts Décoratifs, 33000 Bordeaux
Musée Carnavalet, 23 rue de Sévigné, 10003 Paris
Musée de l'Hôtel de Cluny, 6 place Painlevé, 10005 Paris
Musée des Arts Décoratifs, Pavillon de Marsan, Palais du Louvre, 107 rue de Rivoli, 10001 Paris

West-Deutschland
Museum für Völkerkunde, Staatliche Museen, Stauffenbergstraße 41, 1 Berlin 30 (ethnographisch und orientalisch)
Altonaer Museum, Museumstraße 23, 2 Hamburg 50
Museum für Kunst und Gewerbe Hamburg, Steintorplatz 1, 2 Hamburg
Germanisches Nationalmuseum, Kornmarkt 1, 85 Nürnberg

Großbritannien: England
Museum of Costume, Assembly Rooms, Bath, Avon
City Museum and Art Gallery, Chamberlain Square, Birmingham B3 3DH
Fitzwilliam Museum, Trumpington Street, Cambridge CB2 1RB
British Museum, Department of Prints and Drawings, Great Russell Street, London WC1 (Schreiber Collection)
Horniman Museum, London Road, Forest Hill, London SE23 3PQ (ethnographisch)
The Museum of London, London Wall, London EC2
Museum of Mankind, 6 Burlington Gardens, London WI (ethnographisch)
Victoria and Albert Museum, South Kensington, London SW7 2RL
Gallery of English Costume, Platt Hall, Manchester
Laing Art Gallery and Museum, Higham Place, Newcastle NE1 8AG
Ashmolean Museum, Oxford (orientalisch)
Pitt-Rivers Museum, Oxford (ethnographisch)
Reading Museum and Art Gallery, Reading, Berks
Castle Museum, York (u. a.)

Schottland
National Museum of Antiquities of Scotland, Queen Street, Edinburgh EH2 1JD
Royal Scottish Museum, Chambers Street, Edinburgh EH1 1JF
Burrell Collection, Camphill Museum, Queen's Park, Glasgow G41 2EW
Glasgow Museum and Art Gallery, Argyle Street, Glasgow G3 8AG

Wales
Amgueddfa Werin Cymru/Welsh Folk Museum, St. Fagans Castle, Cardiff CF5 6XB

Italien
Castello Sforzesco, Mailand
Civico Museo Correr, Procuratie Nuove, Piazza San Marco, Venedig

Niederlande
Rijksmuseum, Stadhouderskade 42, Amsterdam

Museum Boymans-van Beuningen,
Mathenesserlaan 18, Rotterdam (Monchy
Collection)
Nederlands Kostuummuseum,
Lange Vijverberg, 14/15, Den Haag

Spanien
Palacio Fernán-Núñez, Madrid
Palacio Real de Aránjuez, Aránjuez, bei Madrid

Schweiz
Schweizerisches Landesmuseum / Musée
National Suisse, Museumstrasse 2, 8023 Zürich

USA
Boston Museum of Fine Arts, Boston, Mass.
02115 (Esther Oldham Collection)
Metropolitan Museum of Art, Fifth Avenue and
82nd Street, New York, NY 10028 (Mrs William
Randolph Hearst Collection)

UdSSR
Hermitage Museum, M. Dvortsovaya
naberezhnaya 34, Leningrad

Bibliographie

Allemagne, H. R. d', *Les Accessoires du Costume et du Mobilier* (Paris, 1928).
Archeological Institute of America, Monographs on Archeology and Fine Arts 1: Eitner, I.E.A., *The Flabellum of Tournus,* (1944).
Armstrong, Nancy, *A Collector's History of Fans* (1974).
Armstrong, Nancy, *The Book of Fans* (Colour Library International, 1979).
Art Journal, *Catalogue of the 1851 Exhibition,* p. 313.
Art Journal (1875), p. 103.
Arundel Society, *Fans of All Countries* (1871).
Bapst, Germain, *Deux Eventails du Musée de Louvre* (Paris, 1882).
Bars, Carlos M. (mit Juan Escoda), *Eventails Anciens* (Lausanne, 1957).
Bijutou Senshu, *Selected Objects of Japanese Art,* VI (1973): *Folding Screens with Fan Patterns in the Nanzeu-ji, Kyoto, Kano School.*
Blondel, Spire, *Histoire des Eventails et les notices sur l'écaille, la nacre et l'ivoire chez tous les peuples et à toutes les Epoques* (Paris, 1875).
Boehn, Max von, *Das Beiwerk der Mode* (München, 1928).
Boger, H. Baterson, *The Traditional Arts of Japan* (New York, 1964).
Bojani, Count F. de, *Eventails Anciens* (sale, Brüssel, 20. Dezember 1912; ill.).
Bordez, M. F., *Fabrication des Montures d'Eventails à Ste. Geneviève* (1875).
Bouchot, Henri, 'L'Histoire par les Eventails Populaires', *Les Lettres et Les Arts* (Paris, Januar und Juli 1883).
Brno, Moravska Galerie, *Sperky, vjire* (Jewels, fans and miniatures in the collection of the gallery; Brno, 1968).
Buck, A. M., *Victorian Costume and Costume Accessories* (1961).
Burges, W., 'Notices of the precious objects presented by Queen Theodolinda to the church of St John the Baptist, at Monza'. *Archaelogical Journal,* XIV (1857), 8.
Buss, George, *Der Fächer* (Düsseldorf, 1904).
Catalani, Carla, *Waaiers* (Bussum: Van Dishoeck, Holland, 1973).
Cherpentier et Fasquelle. *Un Siècle de Modes Féminines, 1794–1894* (Paris, 1895).
Chiba, Reiko, *Painted Fans of Japan; 15 Noh Drama Masterpieces* (Rutland, Vt, und Tokio, 1962).
Chü Ch'ao tso-p'in hsiian-chi (A Selection of Fan Paintings by Chü Ch'ao; Canton, 1962).
Chu'u, Family *T'ieh-chin T'ung-chien-lou ts'ang sang chi chin (Collection of Decorative Fan Mounts in the T'. T' Collection in the Ch'ü family library of Chiang-Shu;* Shanghai, 1937).
Collins, Bernard Ross, *A Short Account of the Worshipful Company of Fanmakers* (1950).
The Connoisseur: 1, pp. 92, 175 (on repair/restoration); 15, p. 84 (illus. of Marquis of Bristol's coll.); 19, p. 197 (illus.); 24, p. 213 (Mrs Beauclerk's coll.
Coomaraswamy, A. K., *Arts and Crafts of India and Ceylon* (1913).
Cosway, M., 'English Fans' in *The Concise Encyclopaedia of Antiques,* IV (1959), 298.
Croft-Murray, Edward, 'Watteau's Design for a Fan-Leaf', *Apollo* (März 1974).
Crossman, Carl L., *The China Trade* (Princeton, 1972), Ch. II, 'Fans'.
Crystal Palace, Tallis' History and Description of the, I (1851), pp. 214–19.
Cust, Lionel, *Catalogue of the Collection of Fans and Fan Leaves, presented to the Trustees of the British Museum by Lady Charlotte Schreiber* (1893).

Dawes, Leonard, 'The Nicely Calculated Flutter of the Fans', *Antiques Dealer and Collector's Guide* (März 1974).
Diderot, D. und d'Alembert, 'Eventaille', *Encyclopédie* (1765).
Dubose, Jean Piere, *Peintres Chinois du XVIe Siècle: Wen Tchang ming et son école: présentation et étude de quelques œuvres (éventails et feuilles d'album)* (Ausstellung der Galerie Maurice, Lausanne, 1961).
Dunn, D., 'On Fans', *Connoisseur* (1902).
Eeghen, I. H. van, 'De Waaier en de Poolse successieoorlog', *Tijdschrift voor Geschiedenis* (Amsterdam, 1963).
Eeghen, I. H. van, 'De Amsterdamse Waaierindustrie, ae XVIIIe eeuw', *Amstelodamum* (1953).
Eeghen, I. H. van, 'De Watergraafsmeer op een waaier van 200 jaar geleden', *Amstelodamum* (1958).
Encyclopædia Britannica, 9. Aufl. (Edinburgh, 1879), IX.
Erler, M., 'Der Moderne Fächer', *Kunstgewerbeblatt* (September 1904).
Fan Circle, *Bulletin* (von 1975 an).
Fan Circle in association with the Victoria and Albert Museum. *Fans from the East* (1978).
Fan Guild of Boston, *Fan Leaves* (Boston, 1961).
Flory, M. A., *A Book about Fans* (1895).
Gibson, Eugenie, 'The Golden Age of the Fan', *The Connoisseur*, 56 (1920), Gibson, Eugenie, 'Queen Mary's Collection', *The Connoisseur*, 78 (1927).
Giles, H. A., 'Chinese Fans', *Fraser's Magazine* (Mai 1879); reprinted in Giles, H. A. *Historic China and other Sketches* (1882).
Gostelow, Mary, *A Collector's Guide to Fans* (1976).
Grand Cateret, John, *Vieux Papiers, vieilles images: cartons d'un Collectionneur.* (Paris, 1896).

Great Exhibition, Official Catalogue of the (1851).
Green, Bertha de Vere, *A Collector's Guide to Fans over the Ages* (1975).
Gros, Gabriella, 'The Art of the Fan Maker', *Apollo* (Januar 1957).
Hallwyska Samlingen, *Boskrifuande fürteckning XXVI–XXX/Solfjadrar Minnen of personlige upplefrelser, Redem innen Minner of almänne handelser minnen frankrinsären 1914–1919* (Stockholm, 1937).
Hammar, Britta (schwedisch), 'Fans of the 18th. Century', *Kulturen,* 1976; trans. Marion Maule, *Fan Circle Newsletter* (9. Oktober 1978).
Harari, Ralph A., *The Harari Collection of Japanese Paintings and Drawings* (J. Hillier, 1973).
Hay, John, 'Chinese Fan Painting and the Decorative Style', *Colloquies on Art and Archaeology in Asia,* No. 5 (Percival David Foundation, 1975).
Hay, John, *An Exhibition of the Art of Chinese Fan Painting* (Milne Henderson Gallery, 1974).
Heath, Richard, 'Politics in Dress', *The Woman's World,* (Juni 1880).
Hiroshi, Mizuo, *Edo Painting* (New York und Tokio, 1972).
Hirshorn, A. S., 'Mourning Fans', *Antiques,* CIII (1973), p. 801.
Holme, C. 'Modern Design in Jewellery and Fans', *Studio* (1902).
Holt, T. H., 'On Fans, their use and antiquity', *Journal of the British Archaeological Association,* XXVI (1870).
Honig, G. J., 'Wat een antieke waaier ons ken vertellen met betrekking tot de Nederlandse walvisvaart', *Historia* (1942).
Hughes, Therle, 'Lady Windermere's Fan', *Country Life* (20. Dezember 1973).
Hughes, Therle, *More Small Decorative Antiques* (1962).

Hughes, Therle, 'Storm Dragons and Plum Blossom', *Country Life* (15. Juni 1972).
Jackson, Mrs. F. Nevill, 'The Montgolfiers', *The Connoisseur*, 25 (1909).
Joly, Henri, *Legends of Japan* (New York, 1908).
Kansas, University of, *Chinese Fan Paintings from the Collection of Mr. Chan Yee-Pong* (Lawrence, Kansas, 1971).
Kendall, B., 'Concerning Fans' *The Connoisseur*, 7 (1903), p. 4 (1902 loan exhibition, Società delle Belle Arti, Florence, from colls of Queen) Margherita, Duke and Duchess of Aosta, and Dowager Duchess of Genoa).
Kimura, Sutezo, *Edo Katuki uchiwa-e: Genroken-Enkyo ren (Kabuki fan prints from Edoi Genroku to Enkyo periods 1688–1748;* Kommentar von S. K. und S. I. Miyas, Tokio, 1962).
Kiyoe, Nakamura, *Ogi to Ogie (Fans and Fan Painting;* Kyoto, 1969).
Kiyoe, Nakamura, *Nikon no Ogi (Fans of Japan;* Kyoto, 1942).
Ku Kung Po Wu-Yuan-ku kung ming shan chi (Collection of famous fans from the Imperial Palace, I–IX ed. I Pei-chi, x ed. Shau Chang; Peking, 1932–35).
Kyoto Senshoku, *Bunka Kenkyukai – X korin-ha semmen gashu (Collection of Fan Painting of the Korin School),* ed. by the Society for Research into Dyeing and Wearing (Kyoto, 1967).
Leisure Hour, The, (1882), pp. 417–21.
Leningrad: Hermitage, *Zapadnoeuropaiskie veera XVIII–XIX vv. iz sobraniya . . Ermitzha: Katalog vremennoi vai stavhi (Western European Fans of the 18th and 19th centuries in the Hermitage Collection),* catalogue of a temporary display with introductory essay by M. I. Torneus (1970).
Linas, Ch. de, 'Les disques Crucifères, le flabellum et l'umbrella', *Revue de l'art Chrétien* (1883).

Marcel, Gabriel, 'Un Eventail Historique du Dix-huitième Siècle', *Revue Hispanique VIII* (1901).
Margary, Ivan D., 'Militia Camps in Sussex 1793; and a Lady's Fan', *Sussex Archaeological Records* CVII (1969).
Mongot, Vincente Almela, *Los Abanicos; Fans of Valencia* (Spain, n.d.).
Mourey, Gabriel, Vallance, Aymer, et al., *Art Nouveau Jewellery and Fans* (New York, 1973).
National Encyclopaedia, The, V (c. 1880).
Niven, T., *The Fan in Art* (New York, 1911).
Ohm, Annaliese, art 'Fächer', in *Reallexikon zur Deutschen Kunstgeschichte* (Stuttgart, 1972).
Palliser, Mrs. Bury, *History of Lace* (1865).
Parr, Louisa, 'The Fan', *Harper's Magazine* (August 1889), pp. 399–409.
Percival, MacIver, *The Fan Book* (1920).
Percival, MacIver, 'Some Old English Printed Paper Fans', *The Connoisseur*, 44, p. 141.
Petit, Edouard, *Le Passé, le présent et l'avenir: Études, souvenirs et considérations sur la fabrication de l'éventail* (Versailles, 1895).
Powell, B. H. Baden, *Handbook of the Manufactures and Arts of the Punjab* (1872).
Redgrave, S., Preface to South Kensington *Catalogue of the Loan Exhibition of Fans* (1870).
Reig y Flores, Juan, *La Industria Abaniquera en Valencia* (Madrid, 1933).
Rhead, G. W. Woolliscroft, *The History of the Fan* (1910).
Rhead, G. W. Woolliscroft, *The Connoisseur*, 55 (1919) and 58 (1920) (in Messel coll.).
Robinson, F. Mabel, 'Fans', *The Woman's World* (Januar 1889).
Rocamora, Manuel, *Abanicos Historicos y Anedóticos* (Barcelona, 1956).
Rondot, Natalis, *Rapport sur les Objets de Parure, de Fantaisie et du Goût, fait à la Commission*

Française du Jury International de l'Exposition Universelle de Londres (Paris, 1854).
Rosenberg, Marc, *Alte und Neue Fächer aus der Wettbewerbung und Ausstellung zu Karlsruhe* (Wien, 1891).
Rusconi, John, *The Connoisseur,* 18, p. 96 (coll. der Königin Margherita von Italien).
Salwey, Charlotte M., *Fans of Japan* (1894).
Schreiber, Lady Charlotte, *Fans and Fan Leaves – English* (1888).
Schreiber, Lady Charlotte, *Fans and Fan Leaves – Foreign* (1890).
Seligman, G. S., und Hughes, T., *Domestic Needlework* (1938).
Shafer, Edward H., *The Golden Peaches of Samarkand* (Kalifornien, 1963).
Sociedad Española de Amigos del Arte, *Exposicion de 'El Abanico en España' 1920* (Madrid, Mai–Juni) (von D. Joaquin Ezqueria del Beyo).
Spielmann, H., *Oskar Kokoschka: Die Fächer für Alma Mahler* (Hamburg, 1969).
Standage, H. C., *Cements, Pastes, Glues and Gums* (1920).
Standen, E. A., 'Instruments for Agitating the Air', *Metropolitan Museum of Art Bulletin,* XXIII (März 1965).
Strange, Edward F., *The Colour Prints of Hiroshige* (Cassell, 1925).
'Studio-Talk: Fans', *Studio,* XXXVII (1906), No. 158; XLV (1909), No. 190.
Taipei, Taiwan, *Masterpieces of Chinese Album Painting in the National Palace Museum* (1971).
Tal, Felix, *De Waaier Collectie Felix Tal* (exhibition; Utrecht, 1967).
Thornton, Peter, 'Fans', *Antiques International* (1966).
Thornton, Peter, 'Une des plus belles collections du monde' (Leonard Messel Collection), *La Connoissance des Arts* (April 1963).
Udstillingen ny kongensgade i til Fordel for Selskabet til Haanderbejdets Fremme, Viften, *The Fan* (Kopenhagen, 1971).
Uzanne, Octave, *The Fan* (Eng. trans. 1884).
Vecellio, *Habiti Antichi et Moderni,* etc. (1590).
von Keudell, Baroness, *The Connoisseur,* 13 (1905), p. 152 (Anm. in coll. von Miss Moss, Fernhill, Blackwater).
Walker, Robert, *Catalogue of The Cabinet of Old Fans* (Sotheby, Wilkinson & Hoge, 1882).
Wardle, Patricia, 'Two Late Nineteenth Century Lace Fans',, *Embroidery* XXI (Sommer 1970), no. 2.
White, Palmer, *Poiret* (1973).
Wild Wood, Joan, und Peter Brinson, *The Polite World* (1965).
Worshipful Company of Fanmakers: Report of Committee, etc., *Competitive Exhibition of Fans held at Draper's Hall* (Juli 1878).
'X, Mme.', sale catalogue, *Objets d'Art, éventails, Louis XV dentelles,* etc., Hôtel Drouet (Paris, 1897).
Zauber des Fächers: Fächer aus dem Besitz des Museum, Altonaer Museum, Hamburg (1974).